Topics. Questions, Keywords

Topics, Questions, Keywords

A handbook for students of German

Petra Hachenburger and
Paul Jackson

London and New York

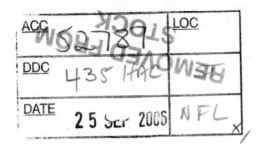

First published 2000
by Routledge
11 New Fetter Lane, London EC4P 4EE

Simultaneously published in the USA and Canada
by Routledge
29 West 35th Street, New York, NY 10001

Routledge is an imprint of the Taylor & Francis Group

© 2000 Petra Hachenburger and Paul Jackson

Typeset in Times by
Florence Production Ltd, Stoodleigh, Devon.
Printed and bound in Great Britain by
St Edmundsbury Press, Bury St Edmunds, Suffolk

British Library Cataloguing in Publication Data
A catalogue record for this book is available
from the British Library

Library of Congress Cataloging in Publication Data
Hachenburger, Petra, 1970–
    Topics, questions, keywords: a handbook for students of German /
Petra Hachenburger and Paul Jackson.
        p.   cm.
    1. German language Conversation and phrase books English.
    2. German language – Composition and exercises Handbooks, manuals, etc.
    3. Discussion Handbooks, manuals, etc. 4. Essay Handbooks, manuals, etc.
    5. German language Textbooks for foreign speakers
English. I. Jackson, Paul, 1944–1999. II. Title.
PF3121.H19 1999
438.2'421–dc21   99–34247
                        CIP
ISBN 0–415–19409–0 (hbk)
ISBN 0–415–19405–9 (pbk)

Dedicated to Paul
I am glad to have known him
as a colleague and a wonderful friend

Contents

Introduction

Topics, Questions, Keywords covers a wide range of contemporary issues, which can be dealt with both in German discussion and in German essay-writing groups. Each section includes a list of thought-provoking questions together with specialized words and phrases. These serve to stimulate ideas and controversy and to encourage fluency in spoken and written German. The subject areas are taken from society, politics, culture, the worlds of work and study and everyday life. The material is intended to assist more advanced learners of German to express ideas freely and without depending too much upon a teacher to provide ideas, cues and vocabulary.

The book is for use in post-intermediate German classes in school, university, business or adult education. It is straightforward and simple in form. It can be used flexibly by groups or by the individual learner. The approach on which it is based is the belief that we all have something lively and original to contribute on many topics; it is usually only lack of confidence that holds us back. What is needed to gain confidence in discussion and writing is a stimulus, a focus for thought and an awareness of the more specialized keywords. To assist in this we have listed relevant German vocabulary. Collocations are given as either noun, adjective or verb phrases; this is determined by learning convenience rather than by strict grammatical consistency.

Each of the thirty subject areas is divided into ten topic questions. Some of these are closely linked with each other; more frequently, they highlight quite different aspects of the overall subject. In a general and free-ranging discussion in German these topic questions can be used as stepping stones to cover the subject area. Alternatively, they can be taken in themselves as more closely defined subjects for focused discussion, providing a total of over 300 debating questions. For writing in German the topic questions can also be selected freely to suggest possible aspects of a general essay subject. Alternatively, they can be taken individually as more precisely focused essay questions.

The central aim of *Topics, Questions, Keywords* is learner control, the reduction of learner dependence on the teacher and the encouragement of independent German fluency. The questions and vocabulary suggest lines of argument and develop patterns of controversy for students, while at the same time leaving initiatives to the individual learner or group of learners. In written work learners can formulate their own ideas by considering aspects of the topic questions, by sifting and organizing the arguments suggested by the vocabulary provided. Each section offers guidance and stimulation, while allowing students scope to provide their own input. A question-based approach to topics has been chosen here rather than a text-based approach. While providing useful samples of style and discourse, texts can all too often preempt ideas and arguments, foreclosing rather than encouraging discussion; indeed, the better the text, the more difficult it may be for the student to feel that she or he has anything to add. *Topics, Questions, Keywords* is intended to open up issues. Learners and teachers should feel free to use the options provided selectively, adapting them to their own needs and learning goals.

Notes for students and teachers

Discussion

The topic questions and German vocabulary can be used in discussion to draw out the group's ideas and opinions. Naturally, it will be helpful if we read the material through before the lesson and give some thought to the questions in advance. However, it can also be used after a preliminary read-through as a basis for a spontaneous exchange of views. The teacher can suggest an opening question or leave this to the initiative of the group. But the group should then become accustomed to working without guidance from the teacher.

General discussion

In a general or free-ranging discussion of the subject area it is unwise to hurry on mechanically or too quickly from one topic question to the next. We normally like a little time to think or to formulate our ideas, so we may like to listen to others in the group first. The teacher can field the opening topic questions to several people or to every member of the group until it warms up and the lesson achieves its own momentum. Another question can be tackled when it seems appropriate. There is, of course, no need to stick to the topic questions listed. If someone touches on another aspect of the topic or if controversy leads in another direction, so much the better. A quite casual discussion which ranges over the whole subject area may touch on most of the questions in one session.

Focused discussion

A focused analysis may mean concentrating upon one or two questions in some depth or even returning to further topic questions in the following lesson. This will make it possible to give further thought to the issue and help to reinforce the German which has already been learned. A preliminary general exchange of opinions may generate enough interest in a particular aspect to make focused consideration of a particular topic question seem worthwhile in the next session. A focused discussion of a particular topic question will, of course, require a different approach, with everyone thinking carefully beforehand about the agreed aspect of the subject.

Activating everyone

In a successful discussion group it is vital for everyone to be as active as possible throughout the lesson. Otherwise, there will be a tendency for students to make a statement in the hope that someone will agree or disagree, before lapsing into silence again. Successful discussions require us to listen as well as to talk. For a group to function as a group we need to pick up on what others say. This means paying attention and responding, even while we consider and formulate our own opinions. If anyone is reluctant to speak they should be encouraged – how about choosing their own topic question? If a discussion does not go well, the group could discuss the reasons.

Teacher's role

The aim is learner control. Members of the group should talk to each other and not rely too much on the teacher. If the teacher passes the initiative over to the class, this will both activate the group and give everyone the motivation to participate rather than sit and listen. It is helpful if there is clarity about the teacher's role from the very beginning. If she or he has made it clear that the teacher's function is primarily to stay in the background in the initial stages, the students will talk to each other, avoiding teacher-centred discourse. The teacher can steer unobtrusively, interrupting only to correct serious errors. If someone, perhaps without noticing it, begins to dominate, the teacher may discreetly open up the debate again to include the others. At a later stage the teacher may take up points, pointing out inconsistencies or even provoking controversy. There is no reason why, later in the lesson, the teacher should not become involved, thus allowing the class to listen to more authentic German. Comment on less serious mistakes can be left until the end of the lesson.

Group size

Depending on the size and composition of the group, it can be a useful strategy to break down the class into smaller groups, or even into twos for discussion in pairs. The teacher cannot then, of course, monitor and assist everybody. But this drawback is outweighed by the increased opportunity which everyone has to talk. Students can make a note of questions about German to ask the teacher later. If there is sufficient time, discussion in small groups can be followed by a general, 'plenary' discussion.

Summary

- Read through the keywords and think about the questions before the lesson.
- Get used to discussing on your own. Do not wait for guidance from your teacher. This becomes easier with practice.
- Encourage each other to give opinions. Respond to each other's opinions.
- Your teacher will encourage you to discuss on your own ('learner control') and not become involved until a later stage.
- Your teacher will only correct serious mistakes. Further comments will be left until the end of the lesson.
- If your group size is too large, it may be useful to split it up into smaller groups. Estimate how much you are using your German in each session.
- You may like to discuss in pairs.

Essay-writing

When writing essays, we should bear in mind general principles: balanced structure, clear paragraphing, introductions and conclusions which assist the reader. Layout and presentation should not be neglected either. But too much attention to formal considerations, particularly in the initial stages, can become constricting and even discouraging. Overdue concern about rules can make the creative task of finding something to write, or just beginning the essay, even more inhibiting. *Topics, Questions, Keywords* is intended to help in the search for ideas. Hopefully, the questions can suggest trains of thought for essay-writing and stimulate the ideas most of us have lying dormant. By providing relevant and technical expressions, it is also intended to assist learners in generating ideas and arguments.

Gathering ideas

After reading the topic questions and vocabulary we should clarify the exact nature of the essay we have chosen. Is it a personal topic or more generalized? Are we required to give arguments for and against, or does the essay require our own moral or political judgement? A necessary stage before beginning to write is to think loosely and imaginatively about aspects of the topic, perhaps using some of the questions or German keywords provided as cues. Thinking these over, we can try some private brainstorming, applying a relaxed and not too tightly focused form of concentration, jotting down ideas, as they come. We should not be afraid to write things down which may later be discarded. Noting down ideas and relevant vocabulary can be part of the same preparatory phase. Confidence in developing ideas comes with practice. It is a matter of opening up, scanning our memory, thinking back to what we may have read, heard people talk about or seen on TV that is relevant to our chosen topic. Experience helps us to discover when and where we think most creatively. Staring at a piece of paper may be an ideal recipe for 'writer's block'. But this does not apply to everybody. After a preliminary read-through of the topic questions and German vocabulary, it may be useful to think things over while taking the dog for a walk or talking the topic over with somebody else. Ideas may come as we tidy our room. Some people get their best ideas on the loo! Ideas that come suddenly can also disappear, so they should be written down before too long.

Organizing the essay

Once we have gathered our ideas, we can begin to regroup them, identifying the thoughts which are logically connected, which reinforce or qualify each other, or which highlight antithetical aspects of the overall subject. It is important to decide which points logically precede others, which are more general and which are more specific. Ideas which do not fit within the scope of the essay will have to be discarded. Introductions can often be a problem. In a first draft they need not necessarily be written first. They may be clearer and more effective if written when the main body of the essay has taken shape.

A consistent thread is helpful. This does not mean, however, that we cannot tackle a question from different angles. Even though logical structure and consistency are important principles, they should not become narrow constraints on free thought and expression. We need not, for instance, adopt a clear position on a topic from the very outset. There is no reason why conflicting evidence or even the mixed feelings we have about a subject should not be incorporated in the essay. This may illustrate unresolved or paradoxical aspects of a problem. These may be interesting in themselves.

Length and structure

It is not advisable to plunge into an essay without a clear idea of its intended length and shape. This can be controlled by sketching a structure based on key ideas and provisional headings. The length of the essay is dictated by the scope of the topic. Although essay-writing in German involves learning to write freely, the projected length needs to be considered in order to achieve a proper balance and structure. This will determine the amount of detail we can include, the balance between the main arguments and the supporting evidence, the relation between specific examples and general inferences. An awareness of overall length will give us a rough indication of how much can or needs to be written on each point. Sometimes the best ideas or formulations come while we are writing. In this case we can go back and revise our original draft outline. Avoiding an overlong introduction or leaving space for a satisfactory conclusion will enable us to work towards a general balance.

Style and language

Clearly, in writing an essay in German, it is vital to avoid thinking and formulating in English. The student should try to cultivate the German way of saying things by wide and regular reading. Collecting typical phrasing, expressive vocabulary, authentic

German idioms and structuring phrases are obvious, systematic ways to develop a more natural style. Learning from authentic texts is not a question of mechanically imitating other writers or aiming for a level of expression which only skilled German speakers can hope to achieve. It is a matter of using phrases and structures select-ively and productively, choosing the elements of German style and wording which match our own ideas and thought patterns. A list of standard German phrases for discussion is provided at the beginning of the book. These can be used when appropriate. Over-use of these phrases, on the other hand, will start to make your German sound artificial. So, what determines the dividing line between appropriate use and over-use? Common sense. The material in *Topics, Questions, Keywords* is intended to assist students in developing a good German style by providing the more technical expressions connected with particular subjects. As well as suggesting cues and ideas for content, these will help to ensure a degree of terminological accuracy. This, just as much as general phrasing, will help to develop an overall authentic German style.

Generally, it will be difficult to write a satisfactory essay in a first draft. If we re-read what we have produced before writing a final version, we will discover weaknesses in structure, inconsist-encies in tone, errors in German grammar, spelling and punctuation. Before writing the essay in its final form, attention should be given to loose formulations, English-sounding phrases, or the use of inexpressive or colourless words. With a little thought we can probably improve on *haben, groß, klein, gut* and *schlecht*.

Use a check-list of the most common learner errors in German. For instance:

Nouns	– article
	– case
	– plurals
Verbs	– strong verbs
	– separable/inseparable
	compounds
	– verb agreement
	– modals
	– conditionals
	– auxiliaries *haben* and
	sein

Word order

Prepositional Case

Confusables such as:	– actual – *aktuell*
	– note – *Note*
	– become – *bekommen*
	– critic – *Kritik*
	– eventually – *eventuell*

Spelling, in particular:	– *ie* and *ei*
	– *ss* and *ß*
	– *ch* and *sch*
	– capitalization

Spelling Reform

We have included the forms of the recent German spelling reform in square brackets (e.g. 'daß' [dass]).

Separable verbs

Separable verbs, featuring a preposition that is separated from the stem in the construction of various tenses, are indicated by a dot after the prefix. For example: an.kommen; er kommt an; er war angekommen. (Compare inseparable prefixes: übertreiben, er übertreibt; er hatte übertrieben.)

Use of italics

To illustrate the use of various words and phrases in context, selected sentences follow each word list. The featured expressions are printed in italics in the word lists, and in bold in the illustrative sentences.

Summary

- Concentrate on finding ideas. Think about the form of the essay later.
- Read through the questions and keywords. Think loosely about aspects of the topic that interest you.

- Make very brief notes on the ideas that occur to you.
- Organize and edit your ideas. Leave out those you cannot use.
- Only begin to write when you have a general idea about the length and structure of the essay.
- You may find it useful to leave the introduction and conclusion until the essay has taken shape.
- Revise the first draft. Pay attention to form, balance, German vocabulary, phrasing and grammar.
- Rewrite.

Combining discussion and essay-writing

It is useful to combine German discussion and essay-writing as integrated activities, using the topic questions and vocabulary presented here. Although spoken and written fluency are not identical skills, there is a close connection between the two. Combining discussion and writing in German will reinforce learning and help to overcome the fragmentation of activities which sometimes result from class timetables. If we familiarize ourselves with the vocabulary and terminology of a topic, above all, if we begin to generate some interesting ideas in a preliminary discussion, this makes the subsequent process of writing all the easier. What we have learned in discussion is reinforced by repetition. It is an equally viable approach to write an essay first, taking either a general subject or a focused topic question and having a discussion subsequently. This has the advantage of preparing the ground for a more thorough exchange of ideas, in which everyone has already thought at some length about the topic.

Of course, there is sometimes a wide stylistic gap between colloquial spoken German and the register we find in formal, written German. But there is also a level of articulate discussion which is, in terms of content, style and structure, not so very different from an acceptable level of written German. Fluency in written and spoken German can converge at a common point of lucid, structured expression. That is what this book is intended to encourage.

Summary

- Use discussions and essay-writing to reinforce each other.
- See which you find easier.

- If discussion in German is difficult, try writing the essay first.
- Find out if formulating your ideas in writing makes it easier to talk in German.
- If you find writing essays difficult, try discussing first.
- Find out if discussing the questions first makes it easier to generate ideas and write in German.
- Stylistically, coherent spoken German and lucid written German are not so different.

Phrases for discussion

Structuring an argument

anderer Meinung sein	to be of a different opinion
als Beispiel	by way of example
angenommen	let us assume that
auf alle Fälle	in any case
auf den ersten Blick	at first sight
darüber hinaus	furthermore
ehrlich gesagt	to be honest
ein gutes Beispiel für + acc.	a good example of
ein.wenden gegen + acc.	object to
einerseits . . . , andererseits	on the one hand . . . , on the other
erstens, zweitens	in the first, second place
erwähnen	mention
für die meisten Leute	for the great majority of people
ganz im Gegenteil	quite the reverse
gleichermaßen	similarly
glücklicherweise	fortunately
größtenteils	in the main
hinzu.fügen	add
höchstwahrscheinlich	it is highly likely that
im allgemeinen [Allgemeinen]	in general

im großen [Großen] und ganzen [Ganzen]	on the whole
im Grunde	basically
im Vergleich zu + dat.	compared to
in der Regel	as a rule
in Wirklichkeit	in reality
infolgedessen	as a result
klar	clearly
kurz gesagt	in brief
kurz und gut	in a word
laut + dat.	according to
leider	unfortunately
letzten Endes	ultimately
meines Erachtens, meiner Meinung nach, meiner Ansicht nach	in my view
mir scheint	it seems to me
natürlich, selbstverständlich	of course
offensichtlich	evidently
ohne Zweifel	undeniably
ohnehin	anyway
recht [Recht] haben	be right
schlicht und einfach	plainly and simply
sicher	certainly
teilweise	partly
übertreiben (übertrieb, übertrieben)	exaggerate
vor allem	above all
was ... betrifft	as for
wie schon ... sagte	as ... has said
wiederholen	repeat
zu.stimmen	agree
zum Schluß [Schluss]	in conclusion

zunächst ... dann ... schließlich	first of all ... next ... finally
zusammenfassend	to sum up
zweifellos	doubtless

Impersonal constructions

das hat zur Folge, daß [dass][1]	the consequence of that is
... lassen sich in zwei Gruppen einteilen	... fall into two groups
und dazu kommt noch	added to that, there is
es besteht ein grundlegender Unterschied zwischen	there is a fundamental difference between
die Kehrseite der Medaille ist allerdings, daß [dass]	the other side of the coin is, however, that
es spricht vieles für ... , aber	there are many arguments in favour of ... but
die Schwierigkeit liegt darin, daß [dass]	the difficulty about ... is that
man muß [muss] sorgfältig unterscheiden zwischen + dat.	we must distinguish carefully between
ein weiterer Grund für + acc.	a further reason for
es läuft auf folgendes [Folgendes] hinaus	what this question boils down to is
es wird oft behauptet, daß [dass]	it is often asserted/ claimed/said that
es steht außer Zweifel, daß [dass]	it is undeniably true that
es wäre naiv zu glauben, daß [dass]	it would be naive to suppose that
man kann das Problem unter mehreren Aspekten sehen	there are several aspects to the problem
ich bleibe dabei, daß [dass]	I still maintain that
um ein weiteres Beispiel anzuführen	take another example:

[1][dass] is now the standard form since the German spelling reform.

heutzutage wird viel über ... diskutiert	a problem that is often debated nowadays
obwohl man nicht verallgemeinern kann ...	although you cannot generalize
dies wirft die Frage auf, ob	this raises the question of whether
den Standpunkt vertreten, daß [dass]	take the view that
es ist fraglich, ob	it is questionable whether
es wird sich zeigen, ob	it remains to be seen whether
es läßt [lässt] sich nicht bestreiten, daß [dass]	it cannot be denied that
es bleibt abzuwarten, ob	it remains to be seen whether
es besteht kein Zweifel, daß [dass]	there's no question that
es geht um + acc.	it is a matter of
es hängt davon ab, ob	it depends on whether
es ist genau wie	it's just the same as
es wäre viel besser, wenn	it would be much better if
ganz abgesehen davon, daß [dass]	quite apart from the fact that
man darf nicht vergessen, daß [dass]	one must not forget that
Sie werden doch zugeben müssen, daß [dass]	you must admit that
wir sind uns darüber einig, daß [dass]	we're in agreement that
es steht fest, daß [dass]	it is certain that
es liegt auf der Hand, daß [dass]	quite clearly
es versteht sich von selbst, daß [dass]	it is obvious that
es geht darum, ob	it is a question of whether
es scheint, als ob	it would seem that
es ist alles andere als	it is anything but

es ist schade, daß [dass]	it is a pity that
es ist unbegreiflich, daß [dass]	it is unbelievable that
das beweist, daß [dass]	that proves that
das führt dazu, daß [dass]	that leads to
das Gleiche gilt für + acc.	the same goes for
das ist der Grund, warum; deshalb	that's the reason why
es betrifft	it concerns
es bleibt abzuwarten, ob	it remains to be seen whether
es freut mich, daß [dass]	I am pleased that
es handelt sich um + acc.	it's about
es hat keinen Sinn, daß [dass]	there's no point in
es ist bedauerlich, daß [dass]	it's regrettable that
es ist bekannt, daß [dass]	it's a known fact that
es ist eine Frage von + dat.	it is a question of
es ist fraglich, ob	it's questionable whether
es ist klar, daß [dass]	it's clear that
es ist nicht wahr, daß [dass]	it's not true that
es ist nicht zu glauben, daß [dass]	it's not to be believed that
es ist die Rede von + dat.	there's talk of
es ist schwer vorstellbar, daß [dass]	it's hard to imagine that
es ist völlig ausgeschlossen, daß [dass]	it's completely out of question that
es kann sein, daß [dass]	it may be the case that
es läßt [lässt] sich daraus schließen, daß [dass]	this leads to the conclusion that
es leuchtet ein, daß [dass]	it stands to reason that
es muß [muss] betont werden, daß [dass]	it must be stressed that
es steht fest, daß [dass]	one thing is for sure, and that is

es stellt sich heraus, daß [dass]	it turns out that
es stimmt nicht, daß [dass]	it's not true that
es wäre ratsam	it would be advisable
es wird behauptet, daß [dass]	it's claimed that
hinzu kommt noch, daß [dass]	what is more
es ist sicher kein Zufall, daß [dass]	it is no coincidence that
eins ist sicher:	what is quite certain is that
worum es hier geht, ist	what we are concerned with here is
es läßt [lässt] sich nicht bestreiten, daß [dass]	you cannot deny that
wir sind uns einig, daß [dass]	we're agreed that
wir gehen davon aus, daß [dass]	we believe, presumably, we assume that

Stating an opinion

ich akzeptiere, daß [dass]	I accept that
ich befürchte, daß [dass]	I fear that
ich behaupte, daß [dass]	what I think is that
ich bezweifle, daß [dass]	I doubt that
ich bin der Meinung, daß [dass]	I think that
ich bin entsetzt, daß [dass]	I'm horrified that
ich bin für/gegen + acc.	I'm for/against
ich bin nicht ganz einverstanden mit + dat.	I'm not entirely in agreement with
ich bin skeptisch gegenüber + dat.	I'm sceptical about
ich bin stolz, daß [dass]	I'm proud that
ich bin überzeugt, daß [dass]	I'm convinced that
ich finde, daß [dass]	I find that
ich frage mich, ob	I wonder whether
ich gebe zu, daß [dass]	I admit that

ich glaube, daß [dass]	I believe that
ich habe den Eindruck, daß [dass]	I have the impression that
ich habe keinerlei Interesse an + dat.	I'm not remotely interested in
ich habe keinen Zweifel, daß [dass]	I don't have any doubt that
ich halte es für möglich, daß [dass]	I think it's possible that
ich hoffe, daß [dass]	I hope that
ich lege Wert darauf, daß [dass]	I think it's important that
ich meine, daß [dass]	I think that
ich möchte feststellen, ob	I would like to find out whether
ich nehme an, daß [dass]	I assume that
ich nehme es ernst	I take it seriously
ich schlage vor, daß [dass]	I suggest that
ich schließe es nicht aus, daß [dass]	I don't rule out the fact that
ich sehe eine Möglichkeit	I see a possibility
ich stimme zu, daß [dass]	I agree that
ich vermute, daß [dass]	I suspect that
ich wette, daß [dass]	I bet that

Part I
Individual topics

Charakter und Persönlichkeit

Topic questions

1 | Wie würden Sie sich am ehesten charakterisieren?

ordentlich	↔ unordentlich	pessimistisch	↔	optimistisch
schüchtern	↔ extrovertiert	praktisch	↔	ungeschickt
vernünftig	↔ gefühlsbetont	spontan	↔	vorsichtig
reizbar	↔ ruhig	starrsinnig	↔	flexibel
künstlerisch	↔ technisch begabt	fröhlich	↔	ernsthaft
kreativ	↔ logisch	egoistisch	↔	hilfsbereit

2 | Glauben Sie, daß [dass] es einen Zusammenhang zwischen Persönlichkeit und beruflicher Tätigkeit gibt? Denken Sie beispielsweise an Berufe wie Pfarrer, Politiker, Informatiker, Entertainer, Sozialarbeiter, Wissenschaftler, Schauspieler, Lehrer, Buchhalter, Handelsvertreter oder Verkäufer.

3 | Durch welche Faktoren wird unser Verhalten am meisten beeinflußt [beeinflusst] – Vererbung, Erziehung oder soziales Umfeld?

4 | Sind die Menschen in Ihrem Bekanntenkreis eher Konformisten oder Individualisten?

5 | „Jeder hat und macht Fehler." Wie sollte man Ihrer Meinung nach am besten mit diesen umgehen?

6   Wir leben in einer Wettbewerbsgesellschaft. Wie wirkt sich das auf unser Verhalten und unsere Persönlichkeit aus?

7   In welchen Situationen verhalten sich Menschen eher irrational als rational? Trifft das auch auf Sie zu?

8   Kann man sagen, daß [dass] wir im Grunde nur Rollen spielen?

9   Was würden Sie als typische „Führungsqualitäten" bezeichnen? Welche Eigenschaften brauchen wir auf der anderen Seite, um teamfähig zu sein? Was ist wichtiger für die Gesellschaft?

10   Warum reagieren Menschen in bestimmten Situationen aggressiv?

Keywords

Nouns and noun phrases

die Angewohnheit/en	habit
die Angst/Ängste	anxiety
der Bekanntenkreis	circle of friends
die Belastung/en	stress
die berufliche Tätigkeit/en	job, professional work
die Beziehung/en	relationship
der Buchhalter	accountant
der Charakterzug/¨e	trait
der Druck	pressure
das Ego	ego
die Eigenart/en	idiosyncrasy, mannerism
die Eigenschaft/en	characteristic, quality

die Einstellung/en	attitude
der Entertainer	entertainer
der erste Eindruck/ ⁻e	first impression
die Erziehung	upbringing
der extrovertierte Mensch	extrovert
der Faktor/en	factor
der Fehler	fault
die Führungsqualität/en	leadership quality
das Gemüt	temperament
die Gesellschaft/en	society
der Handelsvertreter	salesman
die Identität/en	identity
der Individualist/en	individualist
die Individualität/en	individuality
der Informatiker	information scientist
das innere Ich	inner self
der introvertierte Mensch	introvert
der Konformist/en	conformist
die Launenhaftigkeit	changeable moods
der Lehrer	teacher
die Leistungsgesellschaft/en, die Wettbewerbsgesellschaft/en	competitive society
der Minderwertigkeitskomplex/e	inferiority complex
das Mißtrauen [Misstrauen] gegenüber + dat.	distrust of
der Neid	envy
die Neurose/n	neurosis
die Persönlichkeit	personality
der Pfarrer	church minister
der Politiker	politician
der Schauspieler	actor
das Selbstwertgefühl	self-esteem
der Sinn für Humor	sense of humour

der Sozialarbeiter	social worker
das soziale Umfeld	social environment
die Sozialisation	socialization
die Spannung/en	tension
der Spinner (coll.)	'nut-case'
der Tick/s	'hang up'
der Typ/en	type
die Veranlagung/en	make-up
die Vererbung	heredity
das Verhalten	behaviour
der Verkäufer	salesman, shop assistant
die Wettbewerbsgesellschaft	competitive society
der Wissenschaftler	scientist

Adjectives and adjectival phrases

die abschreckende Art	off-putting manner
absichtlich	intentional
aggressive Art	aggressive manner
die anerzogenen/erworbenen Eigenschaften	acquired characteristics
angeboren	inborn
angenehm	pleasant
das angepaßte [angepasste] Verhalten	conformist behaviour
anomal	abnormal
die aufbrausende Art	temperamental manner
aufrichtig	sincere
der ausgeglichene Charakter/e	well-balanced personality
äußere	outer
begabt	gifted
beliebt	popular

beschäftigt mit + dat., vertieft in + acc.	preoccupied with
bewußt [bewusst]	conscious
dazu neigend	inclined to
dickhäutig	thick-skinned
dogmatisch	opinionated
dünnhäutig	thin-skinned
egoistisch	egoistic
eifersüchtig	jealous
die ererbten Eigenschaften	inherited characteristics
ernsthaft	serious
extrovertiert	outgoing
fröhlich, heiter	cheerful
gefühlsbetont	emotional
gehemmt	inhibited
gemein	nasty
gesellig	sociable
gesellschaftlich bedingt	socially conditioned
gewissenhaft	conscientious
gleichmütig	even-tempered
großzügig	generous
gutmütig	good-natured
herrisch	domineering
herrschsüchtig	bossy
hilfsbereit	helpful
ichbezogen	self-centred
impulsiv	impulsive
innere	inner
irrational	irrational
irritierend	annoying
kennzeichnend	characteristic
komplex	complex

kompliziert	complicated
kreativ	creative
künstlerisch	artistic
lässig	'laid back'
launisch	moody
lebhaft	vivacious
locker	easy-going, relaxed
logisch	logical
mitfühlend	sympathetic
nach innen schauend	introspective
neidisch	envious
neurotisch	neurotic
das nicht-angepaßte [angepasste] Verhalten	non-conformist behaviour
normal	normal
oberflächlich	superficial
offen, unverblümt	outspoken
optimistisch	optimistic
ordentlich	tidy
pessimistisch	pessimistic
praktisch	practical
rational	rational
reif	mature
reizbar	irritable
ruhig	calm
schüchtern	shy
schwermütig	melancholic
selbstbewußt [selbstbewusst]	self-confident
selbstsüchtig	selfish
sensibel	sensitive
sorgfältig	painstaking
das soziale Umfeld/er	social environment
sozial verursacht	socially caused

spontan	spontaneous
stur, dickköpfig, starrsinnig	obstinate, inflexible
stürmisch, ungestüm	impetuous
sympathisch	likeable
talentiert, begabt	talented
teamfähig	able to work in teams
technisch begabt	technically minded
die tiefsitzenden Beweggründe	deep-seated motives
überheblich	overbearing
überspannt	eccentric
umsichtig	cautious
unabsichtlich	unintentional
unaufrichtig	insincere
unbewußt [unbewusst]	unconscious
ungehalten, ungeduldig	impatient
ungeschickt	impractical, clumsy
ungesellig	unsociable
unlogisch	illogical
unordentlich	untidy
unpraktisch	impractical
unreif	immature
unterbewußt [unterbewusst]	subconscious
unvernünftig	unreasonable
vernünftig	reasonable, rational
vernunftorientiert	rationally oriented
verständnisvoll	understanding
von Natur aus	by nature
vorsichtig	cautious, careful
wankelmütig, launisch	volatile
warmherzig	warm-hearted
zögerlich	hesitant
die zurückhaltende Art	reserved manner
zuverlässig	reliable

Verbs and verb phrases

ab.hängen (hing, gehangen) von + dat.	depend on
ähneln + dat.	resemble
aus.kommen **(kam, gekommen)** *mit* **+ dat.**	get on with
beeindrucken	impress
beeinflussen	have an influence on
bewundern	admire
bezeichnen als	describe as
dazu neigen	tend to
den Eindruck hervor.rufen (rief, gerufen)	give the impression
erleben, erfahren (erfuhr, erfahren)	experience
Gefühle unterdrücken	repress feelings
geraten **(geriet, geraten)** *nach* **+ dat.**	take after
handeln	act
kompensieren	compensate for
Komplexe haben	have complexes
leiden (litt, gelitten) an + dat.	suffer from
nach.ahmen	imitate
rationalisieren	rationalize
reagieren	react
eine Rolle spielen	play a role
schlechte Laune haben	be bad tempered
sich benehmen (benahm, benommen)	behave
sich identifizieren mit + dat.	identify with
sich rühmen + gen.	boast
sich Sorgen machen wegen + gen.	be anxious about
sich streiten (stritt, gestritten)	quarrel

um.gehen (ging, gegangen) mit + dat.	deal with, behave towards
verdrängen	repress
Verständnis haben für + acc.	be sympathetic towards
vor.täuschen	pretend to be
zeigen	display
zu.treffen (traf, getroffen) auf + acc.	apply to

Illustrative sentences

Er ist voll von **Mißtrauen gegenüber** seinen Mitmenschen.
He is full of mistrust towards other people.

Er hat einen besonderen **Tick**.
He has a particular hang up.

Er **neigt dazu**, impulsiv zu sein.
He is inclined to be impulsive.

Er **neigt dazu**, seine Gefühle zu unterdrücken.
He tends to repress his feelings.

Er hat eine **abschreckende Art**.
He has an off-putting manner.

Er ist mit sich selbst **beschäftigt**.
He is self-preoccupied.

Er **kommt** mit seinen Mitmenschen **aus**.
He gets on with others.

Sie **gerät nach** ihrer Mutter, was das Aussehen betrifft.
She takes after her mother as far as her appearance is concerned.

Computer

Topic questions

1. Welchen Einfluß [Einfluss] hat der Computer auf Ihren Arbeitsplatz?

2. Viele Leute sind nach wie vor skeptisch gegenüber Computern. Woran könnte das liegen?

3. „Kinder an den Computer" – ja oder nein?

4. Computer stürzen gelegentlich ab. Ist unsere Gesellschaft jetzt schon zu abhängig von der Computertechnologie?

5. „Das Speichern privater Daten (beispielsweise durch Behörden) ist eine Bedrohung unserer Privatsphäre." Würden Sie dem zustimmen?

6. Computer werden häufig als Arbeitsplatzvernichter betrachtet. Welche Berufszweige sind davon hauptsächlich betroffen?

7. Warum werden Computerspiele vor allem bei Kindern und Jugendlichen immer beliebter?

8. Welche Möglichkeiten bietet die multimediale Zukunft?

9 Ist mit der Informationsgesellschaft ein neues Zeitalter angebrochen?

10 Welche Vorteile bieten Computer Lernenden und Lehrenden gegenüber dem traditionellen Unterricht?

11 Stimmt es, daß [dass] viele Menschen am Computer ihre Zeit nutzlos verschwenden?

12 Welche Verwendungsmöglichkeiten bietet das Internet heute und in der Zukunft?

Keywords

Nouns and noun phrases

das Abenteuerspiel/e	adventure game
das Ablagesystem/e	filing system
Allzweck-	multipurpose
die Anwendungsprogramme	applications programs, utility programs
der Arbeitsplatz/¨e	place of work, job
der Arbeitsplatzvernichter	job killer
die Aufgabe/n	task
die Ausbildung	training
die Automatisierung	automation
das Autorennen	auto race
das Bauelement/e	component
die Bedienungsanweisung	operating instructions
der Bedienungsfehler	user error
der Befehl/e	command
der Benutzer	user
die Berechnung/en	calculation

der Berufszweig/e	job area
das Betriebssystem	operating system
die Bezahlung per Computer	electronic payment
Bilder und Töne	images and sound
der Bildschirm/e	screen
Bildungs-	educational
Bits pro Sekunde	bits per second
der Briefwechsel	correspondence
der Browser	browser
die Buchhaltung	accounting
die Büro- und Verwaltungsarbeit	office automation
die Bürogeräte	office equipment
das CD-Rom-Laufwerk/e	CD ROM drive
billige PCs	cheap personal computers
der Chip/s	chip
die Computersprache/n	computer jargon
der Computerarbeitsplatz/ ̈e	work station
der Computerfreak/s (coll.)	computer freak
das computergestützte Design	computer-assisted design (CAD)
die Computerisierung	computerization
das Computerspiel/e	computer game
das Computerverbrechen	computer crime
der Cursor	cursor
das Cybercafé/s	cybercafé
der Cyberhelm/e	cyber helmet
die Datenbank/en	database
die Datei/en	file
die Daten	data
das Datengeheimnis/se	data secrecy
der Datenmißbrauch [Datenmissbrauch]	misuse of data
der Datenmüll	junk data

die Datenverarbeitung	data processing
die Diskette/n	floppy disk
das Diskettenlaufwerk/e	disk drive
die Dokumentensuche	document retrieval
der Doppelklick/s	double click
der Drucker	printer
die Echtzeit	real time
das E-Mail/s	e-mail
die Email/s	e-mail
die E-Mail Adresse/n	e-mail address
die Eingabe/n	input
die Elektronik	electronics
die Erweiterungen	extensions
das Expertensystem	expert system
der Fehler im Betriebssystem	system error
die Fehlermeldung/en	error message
die Festplatte/n	hard disk
das Fließband/ ̈er	assembly line
die Geheimzahl/en	PIN number
das Gehirn/e	brain
die Generation/en	generation
das Geschäft/e	business
die Geschwindigkeit	speed
das globale Computernetzwerk/e	global computer network
die Grafikkarte/n	graphics card
der Großrechner	business computer, mainframe
der Hacker	hacker
das Handbuch/ ̈er	manual
die Hardware	hardware
der Heimcomputer	home computer
der Hersteller	producer
die Hochauflösung	high resolution

die Homepage	homepage
der Hypertext	hypertext
die Illusion/en	illusion
das Industriedesign	industrial design
die Informatik	information science
der Informatiker	information scientist
die informationelle Selbstbestimmung	information privacy
die Informationsgesellschaft/en	information society
die Informationsgewinnung	information retrieval
die Informationsschwemme	information flood
die Informationsspeicherung	information storage
die Informationstechnologie	information technology (IT)
der Informationsüberfluß [überfluss]	information overload
das Internet	internet
die Internet-Adresse/n	internet address
der Internet-Anbieter	internet provider
die Internet-Dienste	internet services
die Internet-Informationen	internet information
der Joystick	joystick
das Kennwort/ ¨-er	password
der Klammeraffe	@ ('at')
der Kundendienst/e	back-up service
der Laptop	laptop
der Lautsprecher	loudspeaker
die Maus/Mäuse	mouse
der Mausklick	mouse-click
das Menü/s mit Optionen	menu with options
der Mikrochip	microchip
der Mikroprozessor	microprocessor
die Mission/en	mission
das Modem	modem

der Monitor/en	monitor, VDU
das Mousepad	mousepad
die Multimedia-Software	multimedia software
der Nachteil/e	disadvantage
der Nadeldrucker	dot-matrix printer
das Netzwerk	network
die neue Generation	next generation
das Notizbuch/ ̈er	notepad
die Online-Unterhaltungen	online conversations
der Online-Anbieter	internet service provider
der Online-Nutzer	online-user
der Output	output
der Papierstau/s	paper jam
das Paßwort [Passwort]	password
die Peripheriegeräte	peripherals
der Personalcomputer	personal computer
die Playstation	playstation
die Pornographie	pornography
die Privatsphäre	privacy
das Programm/e	program
die Programmiersprache/e	programming language
das Projekt/e	project
die Rechenmaschine/n	calculator
der Rechner	computer
die Verläßlichkeit [Verlässlichkeit]	reliability
der Roboter	robot
die Robotertechnik	robotics
der schnelle Zugriff	rapid access
die Schriftart/-größe	font, type size
der Schutz des Arbeitsplatzes	job protection
die Sicherheit	security
die Seitengestaltung	page layout

die Sicherungskopie/n	back-up copy
der Siliziumchip/s	silicon chip
die Simulation/en	simulation
die Software	software
die Soundkarte/n	sound card
die Speicherkapazität/en	memory, storage capacity
die Spezialeffekte	special effects
der Spieler	player
die Spracherkennung	voice recognition
der Standard/s	standard
die Störung/en	failure, malfunction
das Strategiespiel/e	strategy game
der Studienplatz/ ̈e	place of study
die Such-Abfrage/n	search query
der Suchbefehl/e	search statement
das Suchsystem	search system
der Superrechner	supercomputer
der Surfer	surfer
die Tastatur/en	keyboard
die Tastatureingabe	keyboard entry
die Taste/n	key
das Terminal	terminal
die Textart/en	text mode
die Textformatierung	text formatting
der Textverarbeitungscomputer	word processor
der Tintenstrahldrucker	ink-jet printer
die Tonerpatrone	toner cartridge
die Trainerfunktion/en	training function
die Überwachung	surveillance
der Umgang mit + dat.	dealing with
die Umschulung	retraining
die Unterhaltung	entertainment
die Unterhaltungs-Software	entertainment software

die Unterlagen	records
das Unterverzeichnis	subdirectory
der User	user
die Verknüpfung	link
die Verwendungsmöglichkeit/en	use, applications
die Videospiele	video games
das Virus/Viren	bug, virus
der Vorteil/e	advantage
die Waffe/n	weapon
der Zugang zum Netz	access to the net
der Zugriff auf + acc.	access to

Adjectives and adjectival phrases

abhängig von + dat.	dependent on
analog	analogue
angeschlossen	linked up to
die arbeitssparende Maßnahme/n	labour saving measure
audiovisuell	audiovisual
das automatisierte Suchprogramm/e	automatic search programmes
der automatisierte Vorgang/¨e	automated process
benutzerdefiniert	user-defined
benutzerfreundlich	user-friendly
benutzerorientiert	user-oriented
binär	binary
computergestützt	computer-assisted
digital	digital
durch ein Modem versendet	sent via a modem
das eingebaute Faxgerät/e	built-in fax
elektronisch	electronic
fehlerfrei	accurate

fehlerhaft	faulty
futuristisch	futuristic
die geschützten Daten	protected data
graphisch	graphic
(in-)kompatibel	(in-)compatible
innovativ	innovative
interaktiv	interactive
der kommerzielle Online-Anbieter	commercial on-line provider
die kompatiblen Systeme	compatible systems
der komplizierte Schritt/e	complicated step
kostenlos	free
der kreative Einsatz/¨e	creative use
die künstliche Realität/en	artificial reality
leicht	easy
logisch	logical
maschinenlesbar	machine-readable
modern	modern
multimedial	multimedia
nach bestimmten Stichworten	using certain keywords
on line	on-line
das rationelle Verfahren	efficient procedure
die realistische Animation/en	realistic animation
redundant	redundant
routinemäßig	routine
schnell	rapid
skeptisch gegenüber + dat.	sceptical about
spannend	exciting
technisch	technical
technologisch	technological
tragbar	portable
das überholte Modell/e	outdated model
unlogisch	illogical

veraltet	obsolete
die verfügbaren Informationen	available information
verläßlich [verlässlich]	reliable
verständlich	understandable
von Computern erzeugt	computer-generated
weit verbreitet	widespread

Verbs and verbal phrases

ab.hängen von (hing, gehangen) + dat.	depend on
ab.melden	log off
ab.speichern	save
ab.stürzen	crash
ab.tasten	scan
aktivieren	activate
analysieren	analyse
an.klicken	click
an.melden	log on
an.schaffen	buy, obtain
an.(ab.)schalten	switch on (off)
an.zeigen	display
auf eine andere Seite springen (sprang, gesprungen)	jump to another page
aus dem Netz holen	locate on the internet
aus.drucken	print out
aus.wählen	select
bedienen	operate
beenden	terminate
benutzen, um	use for
berechnen	calculate
beschleunigen	speed up
chatten	chat with

eine Datei eröffnen	open a file
Dateien übertragen (übertrug, übertragen)	transmit data
Daten löschen	erase data
deaktivieren	deactivate
den Cursor bewegen	move the cursor
den Zugang zum Internet ermöglichen	provide access to the Internet
die Suche nach ... ermöglichen	make it possible to look up
direkt antworten	answer directly
eine E-mail verschicken	send an e-mail
ein Kabel an.schließen (schloß [schloss], geschlossen)	plug in a lead
ein Modem an.schließen	connect up a modem
ein Programm herunter.laden (lud, geladen)	download a program
ein Programm laden (lud, geladen)	load
eine Anweisung aus.führen	carry out an instruction
eine Aufgabe erledigen	carry out a task
eine Diskette formatieren	format a disk
eine Grafik laden	download graphics
eine Rechenoperation durch.führen	perform an operation
eine Seite baut sich auf	a page builds up
eine Taste drücken	press a key
eine Zeile ein.fügen	insert a line
einen Befehl ein.geben (gab, gegeben)	give a command
einen Computer auf.rüsten	upgrade a computer
einen Fehler auf.weisen (wies, gewiesen)	develop a fault
einen Text konvertieren in + acc.	convert a text into
einen Vorgang wiederholen	repeat an operation

entwerfen (entwarf, entworfen)	design
entwickeln	develop
erreichen	reach
erweitern	expand
faxen	fax
Geschäfte ab.wickeln	do business
gestalten	layout
herumstöbern	browse
im Handbuch nach.schlagen (schlug, geschlagen)	look up in the instruction book
Information an.zeigen	display information
installieren	install
kaputt gehen (ging, gegangen)	break down
katalogisieren	catalogue
kombinieren	combine
Kontakt auf.nehmen (nahm, genommen)	contact
kopieren	copy
korrigieren	correct
laden (lud, geladen)	load
man findet (fand, gefunden)	you find
mit der Maus an.klicken	click the mouse on
mit der Maus auf etwas zeigen	point the mouse at
mit.teilen	communicate
nach Informationen suchen	search for information
online gehen (ging, gegangen)	get online
planen	plan
programmieren	program
projektieren	project
reparieren	repair
scannen	scan
seine Einkäufe per Computer erledigen	do one's shopping by computer

sich aus.kennen mit + dat. (kannte, gekannt)	know how to use
sich der Technologie bedienen	use the technology
sich unterhalten mit (unterhielt, unterhalten) + dat.	chat with
sich verlassen auf + acc.	rely on
speichern	store
stundenlang herum.surfen	surf around for hours
suchen	search
surfen	surf
über das Internet bestellen	place orders over the internet
übertragen (übertrug, übertragen)	communicate
überwachen, kontrollieren	monitor
um.gehen (ging, gegangen) mit + dat.	cope with
vereinfachen	simplify
verringern	reduce
wenig Ahnung von Computern haben	not have a clue about computers
wieder.finden (fand, gefunden)	retrieve
Zugriff haben auf + dat.	access
zum Ortstarif telefonieren	phone at local rates
zu.nehmen (nahm, genommen)	increase
zur nächsten Seite gehen (ging, gegangen)	move on to the next page
zur Verfügung stellen	provide
zusammen.brechen (brach, gebrochen)	crash, break down

Illustrative sentences

Man hat **schnellen Zugriff** auf die Informationen.
You have rapid access to the information.

Die Bedienung des Computers wurde **vereinfacht.**
The use of the computer was simplified.

Man gibt das **Kennwort** ein, um in die Datei zu gelangen.
You enter the password to gain access to the file.

Der Text wird **ausgedruckt**.
The text is printed out.

Drogen und Alkohol

3

Topic questions

1. Welche Gründe oder Faktoren bringen Menschen dazu, mit Drogen zu experimentieren?

2. Weshalb werden Menschen drogen- oder alkoholabhängig?

3. Warum glaubt man, daß [dass] junge Menschen besonders gefährdet sind, wenn es um Alkohol und Drogenmißbrauch [Drogenmissbrauch] geht?

4. Welche Verbrechen stehen mit Alkohol und Drogenmißbrauch [Drogenmissbrauch] in Verbindung?

5. Man sagt, daß [dass] für einige Leute alltägliche Dinge wie Tabak, Kaffee oder Fernsehen – sogar Einkaufen! – eine Sucht sind. In welcher Hinsicht kann man hier von Suchtverhalten sprechen?

6. „Leute, die in gefährlichen oder verantwortungsvollen Jobs arbeiten, sollten regelmäßig auf Drogenmißbrauch [Drogenmissbrauch] hin untersucht werden." Würden Sie dem zustimmen?

7. Sollte jede Art von Zigaretten- und Alkoholwerbung verboten werden?

8 | Auf welche Weise glaubt man das Bewußtsein
[Bewusstsein] durch Drogen erweitern zu können?

9 | Trinken wir am meisten allein zu Hause oder eher,
wenn wir mit anderen Menschen zusammen sind?

10 | Sollte man zwischen weichen, harmlosen Drogen und
harten, süchtig machenden Drogen unterscheiden?

Keywords

Nouns and noun phrases

die Abhängigkeit von + dat.	dependence on
die Abnahme von + dat.	decrease in
der Alkohol	alcohol
die alkoholfreien Getränke	soft drinks
der Alkoholiker	alcoholic
der Alkoholtest/s	breathalyser test
die Aufklärungskampagne/n	information campaign
das Aufputschmittel	pep pills, stimulant
aus Neugier	out of curiosity
die Behandlung/en	treatment
das Behandlungszentrum	treatment centre
die Beruhigungstablette/n	tranquillizer
das Bewußtsein [Bewusstsein]	consciousness
das Crack	crack
der Dealer (coll.)	dealer
der Drogenentzug	withdrawal from drugs
der Drogenhändler	drug trafficker
der Drogenmißbrauch [-missbrauch]	drug abuse
der Druck	pressure
die Entziehungskur/en	withdrawal treatment

die Entzugserscheinungen	withdrawal symptoms
der Faktor/en	factor
der Fixer (coll.)	junkie
die Freigabe von + dat.	free availability
die Geistesverfassung	state of mind
die Gesetzgebung	legislation
das Gewaltverbrechen	violent crime
die Gewohnheit/en	habit
das Heroin	heroin
das High-Sein (coll.)	feeling of well-being
der Kater	hangover
die Klinik/en	clinic
das Kokain	cocaine
das Krankenhaus/¨er	hospital
die Krankheit/en	illness
das Marihuana	marihuana
die medizinische Forschung	medical research
das Methadon	methadone
die Nadel/n	needle
die Nebenwirkungen	side effects
die Neugier	curiosity
das Nikotin	nicotine
das Opium	opium
die Persönlichkeit/en	personality
die Polizeirazzia	police raid
der Pusher (coll.)	pusher
der Rauschgiftsüchtige/n	drug addict
der Rauschzustand/¨e	intoxication
die Risikogruppe/n	risk group
die Schwäche/n	weakness
der Schwarzmarkt/¨e	black market
die Spirituosen	spirits
die Spritze/n	hypodermic needle

der Straftäter	criminal
die Sucht	addiction
das Suchtverhalten	addictive behaviour
der Trinker	drinker
der Trip (coll.)	'trip'
die Überdosis	overdose
das Verbot von + dat.	ban on
das Verhalten	behaviour
die Werbung	advertising
das Wiedereingliederungs- programm/e	rehabilitation programme
die Wirkung/en	effects
die Zunahme von + dat.	increase in
der Zwang/ˑe	pressure, constraint

Adjectives and adjectival phrases

abhängig von + dat.	dependent on
alkoholisiert	'under the influence'
alkoholsüchtig	alcoholic
die ärztliche Behandlung/en	medical treatment
berauscht	intoxicated
betrunken	drunk
bewußtseinserweiternd [bewusstseinserweiternd]	psychedelic
clean (coll.)	'clean'
freiwillig	voluntary
freizügig	permissive
gefährdet	vulnerable
gefährlich, riskant	risky
der gelegentliche Drogenkonsum	occasional use of drugs
gewohnheitsmäßig	habitual
gezwungen	compulsory

harmlos	harmless
die harten Drogen	hard drugs
heroinsüchtig	addicted to heroin
high (coll.)	high
illegal	illegal
legal	legal
nicht süchtig machende Drogen	non-addictive drugs
nüchtern	sober
die psychische Abhängigkeit	psychological dependence
der regelmäßige Drogenkonsum	regular use of drugs
schädlich	harmful
sozial	social
stabil	stable
die strengen Gesetze	tough legislation
die strenge Kontrolle/n	strict control
süchtig	addicted
süchtig machend	habit-forming
die süchtig machenden Drogen	addictive drugs
ungefährlich	safe
verantwortungsvoll	responsible
die weichen Drogen	soft drugs

Verbs and verb phrases

abhängig, süchtig werden	become dependent upon
Anspannung verringern	reduce tension
auf dem Schwarzmarkt kaufen	buy on the black market
auf etwas ab.fahren (fuhr, gefahren) (coll.)	get a 'kick' out of something
auf.geben (gab, gegeben)	give up
aus.steigen (stieg, gestiegen) (coll.)	drop out
beeinflussen	affect
bekämpfen	combat

dazu führen, daß [dass]	lead to
die Kontrolle verlieren (verlor, verloren)	lose control
Drogen nehmen (nahm, genommen)	take drugs
eine Dosis nehmen (nahm, genommen)	take a dose
eine Überdosis nehmen (nahm, genommen)	take an overdose
eine Wirkung haben	have an effect
einen über den Durst trinken (trank, getrunken) (coll.)	have one too many
entfliehen (entfloh, entflohen)	escape from
entkriminalisieren	decriminalize
erleben	experience
erweitern	expand
experimentieren mit + dat.	experiment with
fest.nehmen (nahm, genommen)	arrest
gefährden	endanger
gesetzlich verbieten (verbot, verboten)	place a ban on
heilen	cure
in die Tüte blasen (blies, geblasen) (coll.)	take a breath test
ins Gefängnis stecken	put in prison
jemandem ein Getränk an.bieten (bot, geboten)	offer someone a drink
Kontrollen verschärfen	tighten controls
leiden (litt, gelitten) an + dat.	suffer from
los.kommen (kam, gekommen) von + dat.	break the habit
Lösungsmittel schnüffeln	sniff glue
runter.kommen (kam, gekommen) von + dat. (coll.)	kick the habit
seine Hemmungen verlieren (verlor, verloren)	lose your inhibitions

sich betrinken (betrank, betrunken)	get drunk
stark trinken (trank, getrunken)	drink heavily
unterscheiden zwischen (-schied, -schieden) + dat.	differentiate between
vergessen (vergaß, vergessen)	forget
verursachen	cause
zum Säufer werden (coll.)	'hit the bottle'

Illustrative sentences

Sie nehmen **aus Neugier** Drogen.
They take drugs out of curiosity.

Die Freigabe von gewissen Drogen wird befürwortet.
The free availability of some drugs is advocated.

In Schulen werden **Aufklärungskampagnen** durchgeführt.
Information campaigns are carried out in schools.

Im Club wurde eine **Polizeirazzia** durchgeführt.
A police raid was carried out on the club.

Der **Drogenentzug** ist sehr langwierig.
Withdrawal from drugs is a long business.

Sie macht eine **Entziehungskur.**
She is undergoing withdrawal treatment.

Machen alle Drogen gleich **süchtig?**
Are all drugs equally habit-forming?

Sie **kommen von** dem Drogenkonsum nicht **los.**
They cannot break the drug habit.

Essen und Eßkultur [Esskultur]

4

Topic questions

1. Wie kann man für eine ausgewogene Ernährung sorgen?

2. „Die leckersten Mahlzeiten sind am einfachsten zuzubereiten." Würden Sie dem zustimmen?

3. Ist das Essen, das wir heute zu uns nehmen, besser als das der früheren Generationen?

4. Wo liegen die Vorteile von Fertiggerichten, Konserven und Mikrowelle-Mahlzeiten?

5. Warum gab es in den letzten Jahren einen immer stärker werdenden Trend in Richtung *fast food*?

6. Warum wird – im Gegensatz zum *fast food* – Reformkost und ökologische Bionahrung ebenfalls immer beliebter?

7. Haben verschiedene Länder und Völker unterschiedliche Einstellungen zu Eßkultur [Esskultur], Nahrungsmitteln und Eßgewohnheiten [Essgewohnheiten]?

8. Menschen in den Industrienationen nehmen gewöhnlich drei Mahlzeiten pro Tag zu sich. Ist das notwendig

oder lediglich auf soziale Konventionen
zurückzuführen?

9   Welches Eßverhalten [Essverhalten] kann zu
Gesundheitsschäden führen?

10   Wie kann man eine leckere und gleichzeitig preiswerte
Mahlzeit zubereiten?

Keywords

Nouns and noun phrases

das Abendessen	teatime
der Appetit	appetite
das Aroma/Aromen	aroma
der Backofen	oven
die Ballaststoffe	roughage
die Bionahrung	macrobiotic food
die Bratpfanne/n	frying pan
das BSE, der Rinderwahnsinn (coll.)	BSE, 'mad cow disease'
die Chips	crisps
die Diät/en	diet
die Eier	eggs
das Eigelb	yolk
die Einstellung/en	attitude
das Eiweiß	protein
die Erbsen	peas
die Ernährung	food, diet
der erste Gang	first course
das Essen zum Mitnehmen	takeaway meal
die Eßgewohnheiten [Essgewohnheiten]	eating habits

die Eßkultur [Esskultur]	cuisine
die Faserdiät / Ballaststoffdiät	fibre diet
das Fast Food	fast food
die Fertiggerichte	convenience foods
der Fettanteil/e	fat content
die Fette	fats
der Fisch/e	fish
das Fleisch	meat
das Frühstück	breakfast
das Gemüse	vegetables
das Gericht/e	dish
der Geschmack	flavour
die Gewürze	spices
das Hammelfleisch	mutton
der Herd/e	cooker
die Herzkrankheit/en	heart disease
die Hülsenfrüchte	pulses
der Imbiß [Imbiss]	snack
die Kalorien	calories
die Kartoffeln	potatoes
die Kekse	biscuits
eine kleine Menge von + dat.	small amount of
der Koch/ ̈e	cook
das Kochbuch/ ̈er	cooking book
der Kohl	cabbage
die Konserven	tinned food
das Konservierungsmittel	preservatives
der Krebs	cancer
die Küche	cuisine
die Küche/n	kitchen
der Küchenchef/s	chef
der Kühlschrank/ ̈e	fridge
die Lebensmittelfarben	food dyes

der Magen	stomach
die Magenverstimmung/en	indigestion
die Mahlzeit/en	meal, mealtime
der Metzger	butcher
der Mikrowellenherd/e	microwave oven
die minderwertige Nahrung	junk food
die Mineralien	minerals
das Mittagessen	lunch, midday meal
die Mittagspause/n	lunchtime
die Mohrrüben	carrots
das Müsli	muesli
der Nachtisch	dessert
das Nahrungsmittel	food, food stuff
die Nahrungsmittelindustrie	food industry
der Nährwert/e	nutritional value
das Nationalgericht/e	national dish
das Obst	fruit
der Obst- und Gemüsehändler	grocer
die Pastete/n	pie
die Pfanne/n	pan
die Pommes Frites	chips
die Portion/en	helping
die Reformkost	health food
das Restaurant/s	restaurant
das Rezept/e	recipe
das Rindfleisch	beef
die Sahne	cream
der Salat/e	salad
das Schädlingsbekämpfungsmittel	pesticides
die Scheibe/n	slice
das Schweinefleisch	pork
die Soße/n	sauce
der Supermarkt/ ̈e	supermarket

die Suppe/n	soup
die Süßigkeiten	sweets
die Tiefkühlkost	frozen food
das Unkrautvernichtungsmittel	herbicides
der Vegetarier	vegetarian
die Verpackung	packaging
die Vielfalt / Abwechslung	variety
die Vitamine	vitamins
das Vollkorn	wholemeal
die Vollwertkost	health food
die Zusätze	additives
die Zutat/en	ingredient

Adjectives and adjectival phrases

die ausgewogene Ernährung	balanced diet
das ausländische Essen	foreign food
dick machend	fattening
eingepackt	wrapped
eßbar [essbar]	edible
das exotische Gericht/e	exotic dish
fabelhaft	marvellous
frisch	fresh
der furchtbare Geschmack	awful taste
gar	done
gefräßig	greedy
gekocht	cooked
die genmanipulierten Lebensmittel	genetically modified food
gesund	healthy
gewürzt	spiced
köstlich	delicious
lecker	tasty

die leckere Mahlzeit/en	appetizing meal
das leichte Mittagessen	light lunch
die mangelhafte Ernährung	poor diet
nahrhaft	nourishing
natürlich	natural
nicht gar	underdone
ökologisch	ecological
preiswert	inexpensive, cheap
regelmäßig	regular
roh	raw
satt	full
schädlich	harmful
stärkehaltig	starchy
übergewichtig	overweight
ungesund	unhealthy
unschädlich	harmless
vegetarisch	vegetarian
verkocht	overdone
verpackt	packaged
zuträglich	beneficial

Verbs and verb phrases

ab.nehmen (nahm, genommen)	lose weight
backen	bake
braten (briet, gebraten)	fry, roast
einen Imbiß [-ss] zu sich nehmen (nahm, genommen)	have a snack
ein.kaufen	go shopping
ein.laden (lud, geladen)	invite
ein.legen	pickle
ein.packen	wrap
ein.weichen	soak

enthalten (enthielt, enthalten)	contain
essen gehen (ging, gegangen)	eat out
etwas einschränken	cut down on something
gießen (goß [goss], gegossen)	pour
grillen	barbecue
in Scheiben schneiden (schnitt, geschnitten)	slice
in Würfel schneiden (schnitt, geschnitten)	dice
kauen	chew
klein hacken	mince
kochen	boil, cook
mischen, verrühren	mix
rein.hauen (coll.)	tuck into
rühren	stir
schälen	peel
schlagen (schlug, geschlagen)	beat
schlucken	swallow
schmoren, dünsten	stew
schneiden (schnitt, geschnitten)	cut
servieren	serve
sich erbrechen (erbrach, erbrochen)	be sick
sich ernähren von + dat.	live on
sich kalorienbewußt [kalorienbewusst] ernähren	count calories
sich überessen (überaß, übergessen)	overeat
sieden	simmer
verdauen	digest
verhungern	starve
vermeiden (vermied, vermieden)	avoid
verursachen	cause
verzichten auf + acc.	cut out

zu.bereiten, vor.bereiten	prepare
zu.nehmen (nahm, genommen)	put on weight
zurück.führen auf + acc.	put down to
Zutaten hinzu.fügen	add ingredients

Illustrative sentences

Die Lebensmittel enthalten viele **Zusätze**.
The foods contain many additives.

Seine Eßgewohnheiten [Essgewohnheiten] verursachen
   Magenverstimmungen.
His eating habits cause indigestion.

Der **Nährwert** von Süßigkeiten ist sehr gering.
The nutritional value of sweets is very low.

Sie **schränkt** den Verzehr von Süßigkeiten **ein**.
She cuts down on sweets.

Sie **verzichten** ganz auf Fleisch.
They cut out meat entirely.

Fernsehen

5

1   Beschreiben Sie, warum Ihnen die folgenden
Fernsehsendungen (nicht) gefallen:
- Talkshows
- Krimis
- Quizshows
- Diskussionsrunden
- Tierfilme
- Spielfilme
- Seifenopern
- Schlagersendungen
- Komödien
- Kultursendungen.

2   Die Presse und das Fernsehen melden und präsentieren
Nachrichten auf unterschiedliche Art und Weise. Wo
liegen die Hauptunterschiede?

3   Welche positiven oder negativen Auswirkungen kann
Fernsehen auf Kinder haben?

4   Warum sind amerikanische Seifenopern weltweit so
beliebt?

5   Welche Auswirkungen haben Videos und
Videoausleihe auf unsere Fernsehgewohnheiten?

---

6   A: „Das Fernsehen ist ein wichtiges Diskussionsforum für eine informierte und funktionierende Demokratie."

     B: „Das Fernsehen bietet eine allabendliche Kost von trivialem Blödsinn, der die Zuschauer auf ihren nächsten Arbeitstag vorbereiten und sie davon abhalten soll, zu viel nachzudenken."

Was meinen Sie?

7   „Die Leute lesen keine Bücher mehr. Sie unterhalten sich auch nicht mehr. Sie sitzen nur noch vor dem Kasten." Würden Sie hier zustimmen?

8   Es gibt in Zukunft unzählige Programme im Kabel- und Satellitenfernsehen. Wie werden unsere Fernsehgewohnheiten dadurch beeinflußt [beeinflusst]?

9   Führt das private Werbefernsehen zu einem Qualitätsverlust der Programme?

10   Sollten politische Sendungen im Fernsehen ausgewogen sein oder auch kontroverse Ansichten vorbringen?

Keywords

Nouns and noun phrases

die aktuellen Ereignisse	current affairs
der Ansager	announcer
die Antenne/n	aerial
die Aufmerksamkeit	attention
die Aufzeichnung/en	recording
Auswirkungen haben auf + acc.	have an effect on
der Bericht/e	report

die Berichterstattung/en	coverage
das Bild/er	image
der Bildschirm/e	screen
das Bildungsprogramm/e	educational programme
der Blödsinn	rubbish
der Darsteller	performer
das digitale Fernsehen	digital TV
die Direktübertragung/en	live coverage
die Diskussion/en mit offenem Ende	open-ended discussion
das Diskussionsforum/foren	discussion forum
die Diskussionssendung/en	'talking heads'
der Dokumentarfilm/e	documentary
die Einschaltquote/n	audience rating
die Fernbedienung/en	remote control
die Fernsehgesellschaft/en	TV company
die Fernsehgewohnheit/en	TV-viewing habit
die Fernsehsatire/n	TV satire
die Flucht aus der Wirklichkeit	escapism
das Frühstücksfernsehen	breakfast TV
die Hauptsendezeit/en	peak viewing time, prime time
der Hauptunterschied/e	main difference
im Fernsehen	on TV
in den Nachrichten	on the news
in der Kiste (coll.)	on the 'box'
der Inhalt	contents
das Interview/s	interview
das Kabelfernsehen	cable TV
die Kamera/s	camera
der Kanal/ⁱe	channel
der Kasten (coll.)	box, TV, 'telly'
das Kinderprogramm/e	children's programme

der Kommentar/e	commentary
die Komödie/n	comedy
die Kost	diet, 'fare'
der Krimi/s	thriller
die Krimiserie/n	detective series
die Kultur	culture
die Kultursendung/en	arts programme
Lieblings-	favourite
die lustige Unterhaltungsserie/n	comedy series
die Massenunterhaltung	mass entertainment
die Medien	media
das Mikrophon/e	microphone
der Mist (coll.)	rubbish
mit der Fernbedienung hin- und herschalten	'zapping'
der Moderator/en	presenter
die Nachricht/en	news item
die Nachrichtensendung/en	news programme
der objektive Bericht/e	objective report
das öffentliche Fernsehen	public broadcasting
die öffentliche Meinung/en	public opinion
das Programm/e	channel
die Qualität	quality
der Qualitätsverlust	drop in quality
die Quizshow/s	quiz game
der Rundfunk und das Fernsehen	broadcasting
das Satellitenfernsehen	satellite TV
die Satellitenschüssel/n	satellite dish
die satirische Sendung/en	satirical programme
die Schlagersendung	pop music programme
die schwachsinnige Unterhaltung	mindless entertainment
die Sehgewohnheiten	viewing habits
die Seifenoper/n	soap opera

der Sender	station
die Sendezeit/en	air-time
das Showbusiness	show business
der Showmaster	compère, TV host
die Situationskomödie/n	sitcom
das Spätprogramm/e	late-night programme
der Spielfilm/e	feature film
die Sportsendung/en	sports programme
das Studio/s	studio
die Studiodiskussion/en	studio discussion
die Tagesschau	news
die Talkshow/s	talk show
der Tierfilm/e	nature programme
der TV-Star/s	TV celebrity
die Unterhaltung	entertainment
das Video/s	video
die Videoausleihe	video hire
der Videoclip/s	video clip
die Videokassette/n	video cassette
der Videorecorder	video recorder
das Werbefernsehen	commercial broadcasting
der Werbespot/s	TV ad, adverts
die Werbeunterbrechung/en	commercial break
die Werbung	advertising
die Wiederholung/en	repeat
die Zuschauer	audience, viewers
die Zuschauerreaktion/en	audience response
die Zuschauerzahlen	viewing figures

Adjectives and adjectival phrases

albern	stupid
allabendlich	every evening, nightly

aufgezeichnet	recorded
der ausgewogene Bericht/e	balanced report
banal	banal
beliebt	popular
engagiert	involved
extrem	extreme
genau	accurate
gewalttätig	violent
informativ	informative
das kontroverse Thema/Themen	controversial topic
langweilig	boring
live	live
professionell	professional
sachlich	objective
schädlich	harmful
schwachsinnig	stupid
sensationell	sensational
spannend	exciting, interesting
trivial	trivial
unterhaltsam	entertaining
unzählig	countless
visuell	visual
vom Staat kontrolliert	state controlled
witzig	amusing

Verbs and verb phrases

auf.zeichnen	record
beeinflussen	influence
berichten über + acc.	report on
den Fernseher ein. (aus.) schalten	switch on (off) the TV
die Sendung ein. (aus.) schalten	turn on (off) the programme

etwas anstößig finden (fand, gefunden)	find something offensive
etwas gerne sehen (sah, gesehen)	enjoy watching something
etwas hassen	hate something
genießen (genoß [genoss], genossen)	enjoy
informieren	provide information
interviewen	interview
konkurrieren mit + dat.	compete with
langweilen	bore
löschen	wipe
manipulieren	manipulate
melden	report
senden	broadcast
sich entspannen	relax
sich identifizieren mit + dat.	identify with
sich regelmäßig an.schauen	watch regularly
teil.nehmen (nahm, genommen) an + dat.	participate in
übertragen (übertrug, übertragen)	televise, broadcast
um.schalten	switch channels
unterbrechen (unterbrach, unterbrochen)	interrupt
unterhalten (unterhielt, unterhalten)	amuse, entertain
verdummen	stultify, make stupid, become stupid
vor.stellen	present
wählen	select
wiederholen	repeat
zappen (coll.)	'zap'
zeigen	show

Illustrative sentences

Die **Einschaltquote** ist bei Unterhaltungssendungen sehr
    hoch.
The audience rating for entertainment programmes is very
    high.

Die **Berichterstattung** des politischen Konflikts ist
    objektiv.
The coverage of the political conflict is objective.

Die Fernsehwerbung führt zu einem **Qualitätsverlust.**
TV advertising leads to a drop in quality.

Fernsehen bedeutet für viele eine **Flucht aus der
    Wirklichkeit.**
For many watching TV is a form of escapism.

Der Sender bringt viele **Wiederholungen.**
The stations shows many repeats.

Die Sendung enthält sachliche und **ausgewogene Berichte.**
The programme contains factual and balanced reports.

Die Zuschauer **finden** solche Sendungen **anstößig.**
The viewers find such programmes offensive.

Gesundheit

6

1 „Die meisten Krankheiten werden nur durch unsere heutigen Lebensgewohnheiten verursacht." Würden Sie dem zustimmen?

2 Beeinträchtigen unsere Eß- [Ess-] und Trinkgewohnheiten unsere Gesundheit?

3 Welchen Rat würden Sie folgenden Personen geben:
- einem Übergewichtigen
- einem starken Raucher
- jemandem, der an Schlaflosigkeit leidet
- einem gestreßten [gestressten] und ängstlichen Menschen
- einem Workaholic
- einem Büroangestellten, der den ganzen Tag an seinem Schreibtisch verbringt?

4 Wie kann sich der Beruf eines Menschen auf dessen körperliche und geistige Gesundheit auswirken?

5 „Die Menschen sind heute im allgemeinen [Allgemeinen] viel gesundheitsbewußter [gesundheitsbewusster] als früher." Stimmt das?

6 Birgt unsere Umwelt in den Städten und auf dem Land
mehr oder weniger Gefahren für unsere Gesundheit als
z.B. vor 50 Jahren?

7 Wir nehmen zu viele Medikamente ein, um kleinere
Beschwerden zu lindern. Wer ist für diese unnötige
Abhängigkeit von Arzneimitteln verantwortlich zu
machen: die Patienten, die Ärzte oder die
Pharmaindustrie?

8 Glauben Sie, daß [dass] alternative Behandlungsformen
wie Homöopathie genauso wirksam sind wie die
konventionelle Medizin?

9 A: „Der medizinische Fortschritt sollte unter allen
Umständen dazu genutzt werden, das Leben eines
Menschen zu verlängern."
B: „Unsere Gesellschaft kann es sich nicht leisten, mit
teuren Behandlungsmethoden kranke Menschen auf
unbestimmte Zeit am Leben zu erhalten."

Was meinen Sie?

10 Sollte man Ärzte und Chirurgen für Behandlungsfehler
oder Kunstfehler bei Operationen zur Verantwortung
ziehen?

Keywords

Nouns and noun phrases

die Abhängigkeit von + dat.	dependence on
die Ader/n	vein
die Akupunktur	acupuncture
die Allergie/n	allergy
die Ängstlichkeit	anxiety

die Ansteckung	infection
die Antibiotika	antibiotics
der Apotheker	chemist
der Arbeitsbesessene/n, der Workaholic	workaholic
das Arzneimittel	drugs
außer Atem	out of breath
die Behandlung/en	treatment
der Behandlungsfehler	mistaken treatment
das Beruhigungsmittel	tranquillizer
die Beschwerde/n	complaint
die Bewegungsarmut	lack of exercise
der Blutdruck	blood pressure
die Blutuntersuchung/en	blood test
der Büroangestellte/n	office worker
der Chirurg/en	surgeon
die Diagnose/n	diagnosis
das Dialysegerät/e	kidney machine
die Eß[Ess-]gewohnheiten	eating habits
der Facharzt/ ⁻e	specialist
die Genesung	convalescence
die Gesundheit	health
das Gesundheitsrisiko	health hazard
die Grippe	flu
der Hausarzt/ ⁻e	family doctor
die Heilkräuter	herbal cures
der Heilpraktiker	practitioner (complementary medicine)
der Herzanfal/ ⁻e	heart attack
die Homöopathie	homeopathic medicine
im Freien	out of doors
die Impfung/en	inoculation
die Infektionskrankheit/en	disease

die Keime	germs
das Kopfweh	headache
das Krankenhaus/ ̈er	hospital
das Krankenhauspersonal	hospital staff
die Krankenschwester/n	nurse
die Krankenversicherung	medical insurance
die Krankheit/en	disease
der Krebs	cancer
der Kunstfehler	professional error (medical)
der Lebenswandel	lifestyle
die Lunge/n	lung
der Magen	stomach
die Medikamente	medicine, medicament
der medizinische Fortschritt	medical progress
der Muskel/n	muscle
das Nervensystem/e	nervous system
der Nervenzusammenbruch	nervous breakdown
der Notfall/ ̈e	emergency
der Organspender	organ donor
die Organtransplantation/en	organ transplant
der Patient/en	patient
der Pharmakonzern/e	drug company
die Pillen	pills
die Praxis/Praxen	surgery
der Rat	advice
der Raucher	smoker
die Reformkost	health food
das Rezept	prescription
die Salbe/n	ointment
die Schlaflosigkeit	insomnia
die Spritze/n	injection
die Station/en	hospital ward

die Tabletten	tablets
der Übergewichtige/n	someone who is overweight
die Umwelt	environment
unter allen Umständen	at all costs
das Virus/Viren	virus
das Vitamin/e	vitamin
das Wartezimmer	waiting room
der Workaholic	workaholic
der Zahnarzt/ ̈e	dentist
das Zahnweh	toothache

Adjectives and adjectival phrases

abgespannt	run-down
allergisch gegen + acc.	allergic to
anfällig für + acc.	susceptible to
ängstlich	anxious
ansteckend	contagious
die ausgewogene Diät/en	balanced diet
behindert	disabled, handicapped
bettlägerig	bedridden
chronisch	chronic
entzündet, wund	sore
fett	fat
geistig	mental, psychological
gestreßt [gestresst]	stressed out
gesundheitsbewußt [gesundheitsbewusst]	health conscious
haftbar	legally liable
harmlos	harmless
herkömmlich	conventional
der hohe Blutdruck	high blood pressure

hygienisch	hygienic
hypochondrisch	hypochondriac
konventionell	conventional
körperlich	physical
die körperliche Betätigung/en	physical exercise
künstlich	artificial
die natürliche Umwelt	natural environment
schädlich	harmful
schmerzhaft	painful
schmerztötend	pain-killing
der starke Raucher	heavy smoker
steif	stiff
tödlich	fatal
übergewichtig	overweight
übermüdet	overtired
unhygienisch	unhygienic
unwohl	off-colour
verletzt	injured
die vorbeugende Medizin	preventive medicine
wirksam	effective

Verbs and verb phrases

am Leben erhalten (erhielt, erhalten)	keep alive
beeinträchtigen	harm, do damage to
bergen (barg, geborgen)	contain
die Gesundheit schädigen	damage your health
ein paar Tage Urlaub nehmen (nahm, genommen)	take a few days off work
eine Füllung bekommen (bekam, bekommen)	have a filling
eine Operation durch.führen	carry out an operation

einen Nervenzusammenbruch haben	have a nervous breakdown
einen Unfall haben	have an accident
einen Zahn gezogen bekommen (bekam, bekommen)	have a tooth out
einer Sache (dat.) förderlich sein	be conducive to something
genesen	recover
gesund bleiben (blieb, geblieben)	keep fit
heilen	cure
joggen	to go jogging
keine Kondition mehr haben	be unfit
krank werden	fall ill
Leben verlängern	prolong life
leiden an + dat.	suffer from
lindern	alleviate
Nebenwirkungen hervor.rufen (rief, gerufen)	produce side effects
operiert werden	have an operation
schmerzen	ache
Schmerzen erleiden (erlitt, erlitten)	suffer pain
schuld sein	be to blame
sich an eine strenge Diät halten (hielt, gehalten)	keep to a strict diet
sich erholen	get better, recover
sich erkälten	catch a cold
sich fit halten (hielt, gehalten)	keep fit
sich guter Gesundheit erfreuen	enjoy good health
sich leisten	afford
sich untersuchen lassen	have a check-up
sich wohl/unwohl fühlen	feel well/unwell
Tabletten ein.nehmen (nahm, genommen)	take tablets
verbessern	improve

verschreiben (verschrieb, verschrieben)	prescribe
verursachen	cause
zur Verantwortung ziehen (zog, gezogen)	make accountable

Illustrative sentences

Rauchen stellt ein **Gesundheitsrisiko** dar.
Smoking represents a health hazard.

Der Patient bekommt die Arzneimittel auf **Rezept**.
The patient gets the medication on prescription.

Viele sind **allergisch gegen** gewisse Lebensmittel.
Many are allergic to certain foodstuffs.

Sport ist der Gesundheit **förderlich**.
Sport is conducive to good health.

Er **leidet an** den Nebenwirkungen dieser Tabletten.
He is suffering from the side-effects of these tablets.

Kino

7

Topic questions

1. Hollywood-Western sind auf der ganzen Welt bekannt und sehr beliebt. Warum?

2. Gab es in den letzten Jahren bestimmte Trends im Kino wie beispielsweise mehr Gewalt, spezielle Themen, bestimmte Schauspielertypen, mehr Sex, mehr Spezialeffekte, etc.?

3. A: „Ich mag am liebsten Fantasy-Filme."
   B: „Ich bevorzuge Filme, die die gesellschaftliche Realität abbilden."

   Welche Filme gefallen Ihnen am besten?

4. Worauf achten Sie bei Kinofilmen am meisten – schauspielerische Leistung, Regie, Kameraführung, Dialoge, Handlung, Spezialeffekte?

5. Brad Pitt, Leonardo Di Caprio, Marilyn Monroe, Arnold Schwarzenegger, James Dean, Sharon Stone, Robert Redford – wie erklärt sich der Reiz bestimmter Filmstars gestern und heute?

6. Was ist Ihr(e) Lieblings-
   - Thriller,
   - Musical,

- Western,
- Komödie,
- Science-Fiction-Film,
- Kinderfilm?

Nennen Sie Gründe für Ihre Entscheidung!

7 Gibt es Filme, die Sie aus bestimmten Gründen
überhaupt nicht mögen?

8 Kino bietet eine andere Form von Unterhaltung als
Theater oder Fernsehen. Woran liegt das?

9 Welche gesellschaftlichen Probleme werden heutzutage
in Filmen behandelt?

10 Was sind die Hauptunterschiede zwischen Hollywood-
Filmen und Filmen, die *nicht* in den USA produziert
werden?

Keywords

Nouns and noun phrases

der Actionfilm/e	action movie
der Anhänger	fan
auf Außenaufnahme, vor Ort	on location
der Aufnahmewinkel	camera angle
der Bösewicht/e	villain
die Breitwand	wide screen
das Budget/s	budget
die Dekoration/en	set
der Dialog/e	dialogue
die Dialogliste/n	script
der Dokumentarfilm/e	documentary
das Drehbuch/ ̈er	screenplay, shooting script

der Drehort/e	location
die Einstellung/en	shot
das Epos/Epen	epic
die Filmbesprechung/en	film review
der Filmkritiker	film critic
die Filmmusik	score
die Flucht vor der Wirklichkeit	escapism
die Form/en	form
die Fortsetzung/en	sequel
die Gewalt	violence
der Gruselfilm/e	horror movie
die Halbtotale/n	medium shot
die Handlung/en	plot
das Happy-End	happy ending
die Hauptrolle/n	lead, main part
der Hauptunterschied/e	main difference
der Held/en	hero
die Heldin/nen	heroine
der Höhepunkt/e	climax
der Inhalt	content
die Kamerafahrt/en	tracking shot
die Kameraführung	camerawork
der Kameramann/¨er	cameraman
die Kameratechnik	camera technique
die Kasse/n	box-office
der Kassenschlager	box-office success
der Kinogänger	film-goer
das Klischee/s	cliché
die Komödie/n	comedy
das Kostüm/e	costume
der Kriegsfilm/e	war movie
der Krimi/s	gangster movie

der Kurzfilm/e	short
die Leinwand/¨e	screen
die Nahaufnahme/n	close-up
die Produktionskosten	production costs
der Produzent/en	producer
das Publikum	audience
die Regie	direction
der Regisseur/e	director
der Reiz	appeal
die Rückblende/n	flashback
der Schauplatz/¨e	setting
der Schauspieler	actor
die Schauspielerin/nen	actress
die schauspielerische Leistung	acting
der Schnitt	cut, editing
der Schwenk/s	pan
die Sequenz/en	sequence
die Serie/n	series
die Spezialeffekte	special effects
der Spielfilm/e	feature film
das Studio/s	studio
die Technik	technique, technology
das Thema/en	subject
die Tonspur/en	soundtrack
die Totale	long shot
die Tragödie/n	tragedy
der Trend/s	trend
die Trickzeichnung/en	animation
die Untertitel	subtitles
die Vorschau	trailer
die Werbung	publicity
der Zeichentrickfilm/e	cartoon
in Zeitlupe	in slow motion

die Zensur	censorship
der Zusammenschnitt/e	montage

Adjectives and adjectival phrases

die abenteuerliche Handlung/en	adventurous plot
der amüsante Dialog/e	amusing dialogue
anstößig	offensive
die attraktive Schauspielerin/nen	attractive actress
ausländisch	foreign
der avantgardistische Stil	avant-garde style
beliebt	popular
bekannt	well-known
die bezaubernde Schauspielerin	glamorous actress
die deutliche Tendenz/en	noticeable trend
dokumentarisch	documentary
die dramatische Szene/n	dramatic scene
erschreckend	frightening
experimentell	experimental
die freizügige (Sex-)Szene/n	explicit sex scene
gewalttätig	violent
glänzend	brilliant
grauenhaft	horrible
gut inszeniert	well-directed
gutaussehend	good-looking
herkömmlich	conventional
hölzern	wooden
humorvoll	humorous
künstlerisch	artistic
langweilig	boring
die leichte Unterhaltung	light entertainment
lustig, köstlich	hilarious, funny
melodramatisch	melodramatic

die packende Szene/n	powerful scene
pornographisch	pornographic
possenhaft	farcical
realistisch	realistic
rührselig	sentimental
die schablonenhafte Handlung/en	stereotyped plot
schlecht gemacht	badly made
schrecklich	awful
die schreckliche schauspielerische Leistung/en	terrible acting
sexy	sexy
das soziale Thema/Themen	social issue
die spektakuläre Aufnahme/n	spectacular shot
subtil	subtle
technisch	technical
tiefschürfend	profound
traditionell	traditional
tragisch	tragic
überzeichnet	overdone
überzeugend	convincing
unglaubwürdig	unconvincing
unrealistisch	unrealistic
unterhaltsam	entertaining
weit hergeholt	far-fetched

Verbs and verb phrases

achten auf + acc.	pay attention to
amüsieren	amuse
an etwas (dat.) Anstoß nehmen (nahm, genommen)	object to something
an.sprechen (sprach, gesprochen)	appeal to

Anstoß erregen	offend
bevorzugen	prefer
bewundern	admire
dar.stellen	represent
eine Rolle spielen	act, play a part
ekeln	disgust
erschrecken (erschrak, erschrocken)	scare
genießen (genoß [genoss], genossen)	enjoy
handeln von + dat.	deal with
ins Kino gehen (ging, gegangen)	go to the cinema
jemanden verehren	look up to someone
produzieren	produce
reagieren auf + acc.	react to
Regie führen	direct a film
Rollen besetzen	cast the parts
schildern	depict
schneiden (schnitt, geschnitten)	cut
schockieren	shock
sich identifizieren mit + dat.	identify with
sich langweilen	get bored
sich verlieben in + acc.	fall in love with
spielen	act
synchronisieren	dub
überzeugen	convince
unterhalten	entertain
vermitteln	convey
versinnbildlichen	symbolize
vor.ziehen (zog, gezogen)	prefer

Illustrative sentences

Die **Kameraführung** war sehr geschickt.
The camerawork was very skilful.

Die Kamera macht einen **Schwenk** hin zur Heldin.
The camera pans to the heroine.

In der **Totale** reitet der Held durch eine Wüste.
In a long shot the hero is riding through a desert.

Seine Art zu spielen ist sehr **hölzern**.
His acting is very wooden.

Es war eine **possenhafte** Handlung.
The plot was farcical.

Der Film **spricht** ein jugendliches Publikum **an**.
The film appeals to young cinema-goers.

Kleider und Mode

8

Topic questions

1. Sind Frauen von Natur aus modebewußter [modebewusster] als Männer?

2. „Nur junge Menschen sollten sich modebewußt [modebewusst] kleiden." Würden Sie dem zustimmen, oder sollte sich auch die ältere Generation nach Modetrends richten?

3. Welchen Kleidungsstil bevorzugen folgende Personengruppen:
   - Schüler
   - Studenten
   - Geschäftsleute
   - Rocksänger
   - junge Frauen
   - Urlauber?

4. Man sagt, daß [dass] uns Änderungen des Kleidungsstils schon immer Hinweise auf die Veränderung sozialer Werte gegeben haben – denken Sie beispielsweise an den Wandel von Konservatismus hin zu mehr Freizügigkeit. Was meinen Sie?

5. Wenn es um Mode geht, versucht jeder so auszusehen wie alle anderen und sich doch gleichzeitig von allen abzuheben. Wie läßt [lässt] sich das erklären?

6 „Die Modeindustrie bringt uns dazu, mehr Kleider zu kaufen, als wir wirklich brauchen, um sie bald darauf wegzuwerfen." Würden Sie dem zustimmen?

7 Würden Sie bei der Arbeit dieselbe Kleidung tragen wie zu Hause?

8 Geben wir durch unseren Kleidungsstil Hinweise auf unsere Persönlichkeit?

9 In welcher Hinsicht hat sich die Damen- und Herrenmode in den letzten Jahrzehnten gewandelt?

10 Früher sagte man, daß [dass] Frauen, die teure Kleidung tragen, nur den Reichtum des Ehegatten zur Schau stellen sollten. Ist das immer noch der Fall?

Keywords

Nouns and noun phrases

die Accessoires	accessories
der Anzug/ᐟe	suit
auf dem Laufsteg	on the catwalk
aus Baumwolle	cotton
aus Denim	denim
aus der Mode	out of fashion
aus Kord	corduroy
aus Leder	leather
aus Samt	velvet
aus Seide	silk
aus Wolle	woollen
der Blouson/s	blouson
die Boutique/n	boutique

die Breite	width
der Dressman/männer	male model
die Erscheinung	appearance
die Figur/en	figure
die Freizeitbekleidung	casual clothes, leisure wear
die Freizügigkeit	liberality
die Frisur/en	hairstyle
die Garderobe/n	wardrobe
der Geschmack/ ¨er	taste
der Gürtel	belt
der Haarschnitt/e	hairstyle
die Haute Couture	haute couture
der Hinweis/e auf + acc.	pointer, indication
die Individualität	individuality
die Hose/n	trousers
die Jacke/n	jacket
der Karrieretyp/en	yuppie
das Kaufhaus/ ¨er	department store
die Klamotten (coll.)	'gear'
der Kleiderschrank/ ¨e	wardrobe
der Kleidungsstil	style of dress
das Kleidungsstück/e	garment
der Konservatismus	conservatism
die Kunstfaser/n	synthetic material
die Länge	length
der Laufsteg/e	catwalk
die Lebensart/en	lifestyle
die Lebensweise/n	way of life
der leitende Angestellte/n	business executive
der letzte Schrei (coll.)	'craze'
das Mannequin/s	mannequin
die Modeindustrie	fashion industry
das Modell/e	model

die Modenschau/en	fashion show
der Modetrend	fashion trend
die Modezeitschrift/en	fashion magazine
das Muster	pattern
der Nadelstreifenanzug/ˉe	pin-striped suit
das Outfit	'outfit'
der Pelz/e	fur
der Pullover	pullover
der Reißverschluß [Reißverschluss]	zip
der Revers	lapel
der Rock/ˉe	skirt
die Rocklänge	skirt length
der Schnitt	cut
die Schuluniform/en	school uniform
die sozialen Werte	social values
der Stoff/e	material
der Sweater	sweater
das Sweatshirt	sweatshirt
das T-Shirt/s	T-shirt
der Trainingsanzug/ˉe	tracksuit
der Trend/s	trend
der Trendsetter	trendsetter
der Typ/en	type of person
die Uniform/en	uniform
die Unterwäsche	underwear
der Wandel	change
die weite Freizeithose	slacks

Adjectives and adjectival phrases

die aktuelle Mode	current fashion
altmodisch	old-fashioned

angeberisch, prahlerisch	ostentatious
attraktiv	attractive
aufgeputzt	overdressed
aus	made of
die bequem sitzenden Kleider	comfortable clothes
bequem, praktisch	convenient
billig	cheap
die bunten Farben	bright colours
cool (coll.)	cool
Designer-	designer
der elegante Stil	elegant style
eng	tight
exklusiv	posh
der extravagante Stil	outrageous style
farblos	dull, colourless
der förmliche Anlaß [Anlass]/Anlässe	formal occasion
freizügig	liberal
gammelig (coll.)	scruffy
gewöhnlich, ordinär	vulgar
gut gekleidet	well-dressed
im Trend liegend	trendy
der informelle Anlaß [Anlass]/Anlässe	informal occasion
die Kleidung aus zweiter Hand	second-hand clothes
knallig (coll.)	'flashy'
der konservative Geschmack/ ̈er	conservative taste
langweilig	boring
modebewußt [modebewusst]	fashion-conscious
modisch	fashionable, in fashion
nach Maß	made to measure

die neueste Mode	latest fashion
schick	chic, smart
schlank	slim
schlecht gekleidet	badly dressed
die schreienden Farben	loud colours
sexy	sexy
stilvoll	stylish
strapazierfähig	durable
teuer	expensive
traditionell	traditional
über, unter dem Knie	above, below the knees
unmodern	dated
unmodisch	unfashionable
von der Stange	off the peg
von Natur aus	naturally
weit, lose sitzend	loose-fitting
die zweckdienliche, praktische Bekleidung	practical clothing
zweireihig	double-breasted

Verbs and verb phrases

an.geben (gab, gegeben) *mit* + dat.	show off with
an.ziehen (zog, gezogen)	put on
Aufmerksamkeit erregen	attract attention
aus.drücken	express
aus.ziehen (zog, gezogen)	take off
beneiden	envy
bevorzugen	prefer
einen Stil übernehmen (nahm, genommen)	adopt a style

erscheinen (erschien, erschienen)	appear
experimentieren	experiment
fürchterlich aus.sehen (sah, gesehen)	look awful
jemandem gut stehen (stand, gestanden)	suit someone
Mode machen	set the fashion
nach.ahmen + acc.	imitate
passen + dat.	fit, match
passen zu + dat.	go with
provozieren	provoke
schmeicheln + dat.	flatter
schockieren	shock
sich abheben von + dat. (hob, gehoben)	stand out from
sich an.passen an + acc.	conform to
sich dar.stellen als	project an image as
sich der Moderichtung an. passen	change with the times
sich durch.setzen	catch on
sich leisten	afford
sich modisch kleiden	dress fashionably
sich richten nach + dat.	follow, be oriented to
die Stilrichtung ändern	change styles
toll aus.sehen (sah, gesehen)	look great
tragen (trug, getragen)	wear
unmodern werden	go out of style
weg.werfen (warf, geworfen)	throw away
zur Schau stellen	show off

Illustrative sentences

Sie tragen ganz schicke **Klamotten.**
Their gear is pretty cool/chic.

Er **gibt mit** seinen Designerjeans **an.**
He is showing off with his designer jeans.

So etwas **steht mir** nicht.
Things like that do not suit me.

Sie **passen sich** der aktuellen Mode **an.**
They conform to the current fashion.

Die Mode hat **sich** nicht **durchgesetzt.**
The fashion did not catch on.

Nur einer wie er kann **sich** so etwas **leisten.**
Only that type of person can afford anything like that.

Musik

9

Topic questions

1 Welche Musiker, Komponisten, Songschreiber oder Interpreten bewundern Sie am meisten?

2 „Diese Musik geht mir wirklich auf die Nerven!" Welche Art von Musik mögen Sie persönlich am wenigsten?

3 Wie erklärt sich die Beliebtheit der folgenden Musikstile?
- lateinamerikanische Musik
- Country-Musik
- Oper
- Techno-Musik
- Punk
- Ethno-Pop
- Rap
- Heavy Metal
- Klassische Musik?

4 Wohin gingen die musikalischen Trends in den letzten Jahren?

5 Wie fördert man Kinder am besten, so daß [dass] sie sich für Musik interessieren?

6   „Immer weniger Menschen sind in der Lage, selbst
Musik zu machen, da die Medien sie ohnehin 24
Stunden täglich mit Musik berieseln." Stimmt das?

7   Können sich traditionelle Musik und Volkslieder im
Zeitalter von Musik als Massenware überhaupt noch
durchsetzen?

8   Hören Sie lieber Musik über die Stereoanlage, oder
bevorzugen Sie den Besuch von Live-Konzerten?

9   Warum wird in Supermärkten, Einkaufszentren,
Wartezimmer, Restaurants und Kaufhäusern Musik
gespielt? Stört sie das?

10   Warum identifizieren sich bestimmte Jugendgruppen
und Subkulturen mit bestimmen Musikstilen?

Keywords

Nouns and noun phrases

die Agentur/en	agency
der Akkord/e	chord
der Anhänger	fan
der Bass and Drum	bass and drum
der Bassist/en	base player
der Beat	beat
die Beliebtheit	popularity
die Berieselungsmusik	'muzak'
die Blasinstrumente	wind instruments
die Blaskapelle/n	brass band
die Blechblasinstrumente	brass instruments
der Blues	blues

der CD-Player	CD player
der Chor/¨e	choir
der Club/s	club
der Clubgeher, Clubbesucher	clubber
die Country-Musik	country and western music
der Dirigent/en	conductor
der Diskjockey/s	disc jockey
die Diskothek/en	discotheque
das Einkaufszentrum/en	shopping centre
die elektronische Perkussion	electronic percussion
der Folk, die Volksmusik	folk music
der Free Jazz	free jazz
der Geschmack der Mehrheit	majority taste
der Geschmack der Minderheit	minority taste
die Gitarre/n	guitar
der Gitarrist/en	guitarist
die Gruppe/n	group
die Harmonie	harmony
die Heavy Metal-Musik	heavy metal
die Hintergrundmusik	background music
die Hitparade/n	charts
die Innovation/en	innovation
der Interpret/en	performer
die Jugendgruppe/e	youth group
die Kammermusik	chamber music
die Kapelle/n	band
das Kirchenlied/er	hymn
der Klang/¨e	sound
der Klassiker	classic
das Klavier	piano
der Komponist/en	composer
das Konzert/e	concert
der Konzertbesucher	concert-goer

der Kopfhörer	headphone
der Krach	noise
die Langspielplatte/n	album, record
der Live-Auftritt/e	live concert
der Live-Mitschnitt/e	live recording
die Love Parade	love parade
die Medien	media
die Melodie/n	melody
das Mischpult	sound mixer
das Musical/s	musical
der Musiker	musician
der Musikstil/e	musical style
das Musikvideo	videoclip
die Note/n, der Ton/ ̈e	note
die Oper/n	opera
das Orchester	orchestra
die Plattenhülle/n	record sleeve
die Popmusik	pop music
das Publikum	audience
der Reggae	reggae
der Rhythmus/Rhythmen	rhythm
der Rock and Roll	rock'n'roll
die Rockgruppe/n	rock group
der Rock-Klassiker	rock classic
das Rockkonzert/e	rock concert
die Rockmusik	rock music
der Sänger	singer
der Satz/ ̈e	movement
der Schallplattenspieler	record player
die Scheibe/n (coll.)	disc
der Schlager	hit
das Schlagzeug/e	drums
der Schlagzeuger	drummer

die Schnulze/n (coll.)	slushy song
das Showgeschäft	show business
der Solist/en	soloist
der Songschreiber	song writer
der Soul	soul
der Star/s	star
die Stereoanlage/n	stereo
der Stil/e, die Stilrichtung/en	style
die Studioaufnahme/n	studio recording
die Streichinstrumente	string instruments
die Subkultur/en	subculture
die Symphonie	symphony
die Szene	scene
der Titel	title, song
die Tonhöhe	pitch
der Trend/s	trend
die Unterhaltung	entertainment
der Verstärker	amplifier
das Volkslied/er	folk song
der Walkman	walkman
die Weihnachtslieder	carols
der Werbespot/s	promotional clip

Adjectives and adjectival phrases

aggressiv	aggressive
arrangiert	arranged
die atonale Musik	atonal music
aufgezeichnet	recorded
aufregend	exciting
ausdrucksvoll	expressive
die avantgardistische Musik	avant-garde music
begabt	gifted

beliebt	popular
brandneu	brand new
cool (coll.)	cool
digital	digital
die eingängige Melodie/n	catchy tune
eintönig	monotonous, boring
elektronisch	electronic
experimentell	experimental
geil (coll.)	great
groovig (coll.)	groovy
kommerziell	commercial
der kommerzielle Erfolg/e	commercial success
langweilig	boring
lateinamerikanisch	Latin American
laut	noisy
leise	quiet
live	live
melodisch	melodic
musikalisch	musical
originell	original
pop	pop
psychodelisch	psychedelic
punk	punk
rhythmisch	rhythmic
richtig gestimmt	in tune
romantisch	romantic
schrecklich	terrible
sentimental, rührselig	sentimental
sich wiederholend	repetitive
toll (coll.)	great
traditionell	traditional
unbeliebt	unpopular
verstimmt	out of tune

| Verbs and verb phrases |

auf Tournee gehen (ging, gegangen)	go on tour
auf.nehmen (nahm, genommen)	record
aus.drücken	express
aus.stehen (konnte, gekonnt) können	be able to stand
begleiten	accompany
belästigen	bother
berieseln (coll.)	play mindless music
ein Konzert geben (gab, gegeben)	give a concert
fördern	encourage, promote
genießen (genoß [genoss], genossen)	enjoy
im Duett singen (sang, gesungen)	sing a duet
ins Konzert gehen (ging, gegangen)	go to a concert
jemandem auf die Nerven gehen (ging, gegangen)	get on someone's nerves
jemandem gefallen (gefiel, gefallen)	appeal to someone
klatschen	clap
komponieren	compose
mögen (mochte, gemocht)	be fond of
Musik arrangieren	arrange music
Musik lesen (las, gelesen)	read music
nicht ausstehen können	can't stand
nicht mögen	dislike
pfeifen (pfiff, gepfiffen)	whistle
produzieren	produce
schaffen (schuf, geschaffen)	create
sich identifizieren mit + dat.	identify with
summen	hum

tanzen	dance
Tonleiter spielen	play scales
üben	practice
vertonen	set to music
vom Blatt spielen	sight-read

Illustrative sentences

Überall kann man **Berieselungsmusik** hören.
You can hear muzak everywhere.

Diese Art Musik ist **beliebt** bei Jugendlichen.
This sort of music is popular among young people.

Was man im Radio spielt, **geht** mir **auf die Nerven**.
What they play on the radio gets on my nerves.

Sie kann Techno-Musik **nicht ausstehen**.
She cannot stand techno.

Prüfungen

10

Topic questions

1. Wie bereitet man sich am effektivsten auf eine Prüfung vor?

2. Prüfungsangst, Gedächtnislücken, Zeitdruck, Pech bei der Themenauswahl – mit welchen Schwierigkeiten und Problemen kann man in einer Prüfungssituation konfrontiert werden?

3. A: „Ohne Prüfungsdruck wäre Lernen und Studieren viel effektiver."
   B: „Ohne Prüfungen würde ich nicht so viel lernen."

   Was meinen Sie?

4. Spiegeln Prüfungsergebnisse wirklich die Fähigkeiten eines Prüflings wider?

5. „Prüfungen verschärfen das Konkurrenzdenken und unterdrücken die Hilfsbereitschaft und Kooperation unter Schülern und Studenten." Würden Sie dem zustimmen?

6. Ein Freund bereitet sich auf eine mündliche Prüfung vor. Welche Ratschläge würden Sie ihm geben?

7 | Warum werden Prüfungen und Abschlüsse immer wichtiger für das Berufsleben?

8 | Studienbegleitende Lernkontrollen, Projektarbeit, Selbsteinschätzung, schriftliche Hausarbeiten – welche anderen Möglichkeiten gibt es, um die Fähigkeiten von Schülern und Studenten objektiv zu beurteilen?

9 | Können die Bewertungsmaßstäbe bei der Benotung von Prüfungsleistungen völlig objektiv und gerecht sein?

10 | „Es geht nicht darum, alles über das geprüfte Wissensgebiet zu wissen. Viel wichtiger ist es zu wissen, wie man mit der Prüfungssituation umgeht." Wie ist Ihre Meinung?

Keywords

Nouns and noun phrases

Abitur machen	take the school-leaving exam
das Abitur	school-leaving exam
der Abschluß[Abschluss]/-üsse	exam result, qualification
einen Abschluß [Abschluss]/-üsse machen	get a degree (qualification)
die Abschluß[ss]prüfung/en	final exam
die Aufgabe/n	exam question
die Aufnahmeprüfung/en	entrance exam
aus Versehen	by mistake
die Bearbeitungszeit	time-limit
der Berufsabschluß [Berufsabschluss]/-üsse	professional exam
das Berufsleben	vocational life, career
die Bewertung/en	assessment

die Bewertungsmaßstäbe	marking criteria
die Bewertungstabelle/n	scale of marks
der Druck	pressure
die Endnote/n	final mark
die erforderliche Mindestnote/n	pass mark
das Ergebnis/se	result
das Fach/ ̈er	subject
das Faktenwissen	factual knowledge
der Flüchtigkeitsfehler	slip
das Gedächtnis	memory
die Gedächtnislücke/n	blackout
die Gemütsverfassung	frame of mind, mood
die Glücksache	a matter of luck
die Hausaufgabe/n	assignment, homework
das Heft/e	exercise book
die Hilfsbereitschaft	helpfulness
der Inhalt/e	contents
die Intelligenz	intelligence
der IQ-Test/s	IQ-test
die Klassenarbeit/en	school test
die Klausur/en	exam paper
das Konkurrenzdenken	competitiveness
das Konzept/e	rough draft
die Korrektur/en	correction
die Kriterien	criteria
der Lehrplan/ ̈e	syllabus
der Leichtsinnsfehler	careless mistake
die Leistung/en	performance
der Leistungsdruck	competitive pressure
die Lernmethode/n für die Prüfung	exam techniques
die mittlere Reife	school-leaving exam
die Multiple-choice-Frage/n	multiple-choice questions

die mündliche Prüfung/en	oral exam
die Nachhilfe	coaching, private tuition
das Niveau/s	level
die Normen	standards
die Note/n	mark, grade
die Projektarbeit/en	project work
der Prüfer	examiner
der Prüfling/e	candidate, examinee
die Prüfung/en	exam
die Prüfungsangst	'nerves'
der Prüfungsdruck	exam pressure
das Prüfungsergebnis/se	exam result
die Prüfungsleistung/en	exam performance
der psychologische Druck	psychological pressure
die Punktzahl/en	marks
der Ratschlag/ẅe	advice
die Reinschrift/en	fair copy
der scharfe Konkurrenzkampf/ẅe	'rat race', tough competition
die schriftliche Hausarbeit/en	coursework
die schriftliche Prüfung/en	written exams
die Schwierigkeit/en	difficulty
die Selbsteinschätzung	self-assessment
der Spickzettel (coll.)	crib sheet
der Stoff	subject matter
das Studium	course (of study)
das Thema/en	subject, topic (exam question)
die Themenauswahl	choice of topic
die Übersetzung/en	translation
die Vermutungen	guesswork
die Vorbereitung	preparation
die Wirksamkeit	effectiveness

das Wissensgebiet/e	area of knowledge
der Zeitdruck	time pressure

Adjectives and adjectival phrases

akademisch	academic
angespannt	tense
ängstlich	nervous
aufgeregt	flustered
ausgeruht	rested
beruflich	vocational
dumm	stupid
effektiv	effective
einheitlich	consistent
erfahren	experienced
faul	lazy
fehlerfrei	correct
fleißig	hard-working
genau	accurate
gerecht	fair
gestreßt [gestresst]	under stress
klug	clever
konkurrierend	competitive
kreativ	creative
leicht	easy
objektiv	objective
die schlaflosen Nächte	sleepless nights
die schriftliche Hausarbeit/en	written assignment
die schwierige Fragestellung/en	difficult question
selektiv	selective
die studienbegleitende Lernkontrolle/n	continuous assessment
subjektiv	subjective

ungenau	inaccurate
ungerecht	unfair
verwirrt	confused
von durchschnittlicher Fähigkeit	of average ability
die willkürliche Entscheidung/en	arbitrary decision
zuverlässig	reliable
zuversichtlich	confident

Verbs and verb phrases

ab.schneiden (schnitt, geschnitten)	perform
ab.schreiben (schrieb, geschrieben)	cheat, copy
analysieren	analyse
auf Fragen tippen	spot questions
auf.passen (paßte [passte], gepaßt [gepasst])	pay attention
aus.rechnen	calculate
aus.tüfteln	puzzle out
auswendig herunter.beten (coll.)	repeat 'parrot-fashion'
auswendig lernen	learn by heart
beantworten	answer
beherrschen	know the subject
benoten	grade
büffeln (coll.)	cram facts
deuten	interpret
die Leistungsfähigkeit ein.schätzen	evaluate ability
durch.rutschen	scrape through
ein Examen stellen	set an exam
ein Problem lösen	solve a problem
ein Thema kommt (in der Prüfung) dran (coll.)	an exam topic is set

eine Frage beantworten	answer a question
eine Klassenarbeit schreiben (schrieb, geschrieben)	do a test in class
eine Prüfung bestehen (bestand, bestanden)	pass an exam
eine Prüfung schreiben (schrieb, geschrieben)	sit for an exam
einen akademischen Grad als . . . erlangen	take a degree in
einen angemessenen Eindruck vermitteln	give an accurate picture
einen Aufsatz schreiben (schrieb, geschrieben)	write an essay
einen Blackout haben (coll.)	have a blackout
einen Fehler machen	make a mistake
einen Hochschulabschluß [Hochschulabschluss] erlangen	get a degree
entwickeln	develop
erfolgreich bestehen (bestand, bestanden)	pass successfully
Examen machen	take an exam
Faktenwissen wieder.geben (gab, gegeben)	reproduce facts
fertig.werden mit + dat.	cope with
formulieren	formulate
für eine Prüfung lernen	revise for an exam
gut ab.schneiden (schnitt, geschnitten)	do well
gute Noten bekommen (bekam, bekommen)	get good marks
in einer Prüfung durch.fallen (fiel, gefallen)	fail an exam
in Panik geraten (geriet, geraten)	panic
ins Reine schreiben (schrieb, geschrieben)	make a fair copy
kennen (kannte, gekannt)	know, be familiar with

konfrontiert werden mit + dat.	be confronted with
kontrollieren	check
kopieren	copy
korrigieren	correct
lernen	learn
lernen für das Examen	study for the exam
Maßstäbe an.legen	apply criteria
mechanisch lernen	learn by rote
mit jemandem konkurrieren	compete with
motivieren	motivate
patzen	make a blunder
Pech haben	be unlucky
Punkte erzielen	score points
Ratschläge geben (gab, gegeben)	give advice
schlecht ab.schneiden (schnitt, geschnitten)	do badly
sehr gut bestehen (bestand, bestanden)	get a top mark
sein Bestes tun (tat, getan)	do one's best
sich als . . . qualifizieren	obtain a qualification as
sich auf ein Thema vor.bereiten	prepare for an exam topic
sich aus.drücken	express yourself
sich den Kopf zerbrechen (zerbrach, zerbrochen)	rack one's brains
sich ein.prägen	memorize
sich erinnern	recall
sich konzentrieren	concentrate
sich Notizen machen	make notes
sich vor.bereiten auf + acc.	prepare for
übersehen (übersah, übersehen)	overlook
um.gehen mit + dat. (ging, gegangen)	deal with
unterdrücken	suppress, discourage

**unter Zeitdruck stehen
(stand, gestanden)**   be under time pressure

**vergessen (vergaß,
vergessen)**   forget

verschärfen   make more difficult,
more intense

wider.spiegeln   reflect

wiederholen   revise, repeat

**wissen (wuß[ss]te,
gewuß[ss]t)**   know (facts)

zusammen.fassen   summarize

Illustrative sentences

Der Student schreibt eine **Aufnahmeprüfung**.
The student takes an entrance exam.

Die **Gemütsverfassung** beeinflußt [beeinflusst] die
Leistung.
Your frame of mind influences your performance.

Man befindet sich mit anderen Kandidaten in einem
scharfen Konkurrenzkampf.
You are involved in a rat race with other candidates.

Was die Fragestellung angeht, ist man meistens auf
Vermutungen angewiesen.
You often have to rely on guesswork as far as the exam
questions are concerned.

Durch eine **studienbegleitende Lernkontrolle** kann der
Student seinen Lernerfolg besser einschätzen.
The student can judge how effectively he is studying by
means of continuous assessment.

Sie **benoten** ungerecht.
They grade unfairly.

Für die Prüfung kann man nur **büffeln**.
For the exam you just have to cram facts.

In der Prüfung **schnitt** sie **gut ab**.
She did well in the exam.

Bei der letzten Aufgabe hat sie **gepatzt**.
She made a blunder in the final question.

Unsere Nachbarn

Topic questions

1. Warum ärgern wir uns gelegentlich über unsere Nachbarn?

2. In welchen Situationen können Nachbarn hilfreich sein?

3. Kommen Sie persönlich gut mit Ihren Nachbarn aus?

4. Hat sich in Ihrer Straße bzw. in Ihrer Nachbarschaft in den letzten Jahren etwas Entscheidendes verändert?

5. Warum wird das Leben in der Großstadt immer anonymer?

6. Welche sozialen Einrichtungen sollten Städte und Gemeinden den Bürgern zur Verfügung stellen?

7. Wie leben die Menschen miteinander
   - auf dem Land
   - in der Stadtmitte
   - in den Vororten?

8. Bevorzugen Ihre Nachbarn eher ihre Ruhe, oder wollen sie enge soziale Kontakte?

9 | Beeinflussen moderne Wohnsiedlungen das nachbarschaftliche Verhalten?

10 | Beschreiben Sie die nachbarschaftlichen Beziehungen der Menschen in anderen Ländern und Kulturen.

Keywords

Nouns and noun phrases

das **Appartement/s**	apartment
das **Arbeiterviertel**	working-class area
der **Babysitter**	baby-sitter
die **Begegnungsstätte/n**	social club
der **Bürgersteig/e**	pavement
das **Eigentum**	property
der **Eigentümer**	owner
der **Einwohner, der Bewohner**	inhabitant
das **Erdgeschoß [Erdegeschoss]**	ground floor
die **Erholungseinrichtungen**	recreation facilities
der **Fahrstuhl/ ̈e**	lift
der **Gartenzaun/ ̈e**	garden fence
die **Gegend/en**	area
die **Gemeinde/n**	community
die **Großstadt/ ̈e**	large city
der **Hauseigentümer, der Vermieter**	landlord
der **Hausmeister**	caretaker
das **Haustier/e**	pet
die **Haustür/en**	front door
die **Hecke/n**	hedge

die Hochhäuser	high-rise flats
in der Nachbarschaft	on the block, in the neighbourhood
in der Umgebung	in the vicinity
die innerstädtischen Wohngebiete	inner cities
die Kinder, die Jugendlichen	kids
der Klatsch	gossip
die Kneipe/n	pub
die Leute nebenan	the people next door
die Miete/n	rent
der Mieter	tenant
der Mittelstand	middle class
der Nachbar/n	neighbour
die Nachbarschaft	neighbourhood
der Platz zum Parken	place to park
der Platz zum Spielen	place to play
das Privatleben	privacy
das Reihenhaus/ ̈er	terraced house
die Ruhe	peace and quiet
der Spielplatz/ ̈e	playground
die städtischen Einrichtungen	community facilities
die Stadtmitte	town centre
der Störenfried/e	trouble-maker
das Straßenfest/e	street party
der Streit mit + dat.	conflict with
der Treffpunkt/e	meeting place
der Verkehr	traffic
der Vorort/e, die Vorstadt/ ̈e	suburb
der Wohnbezirk/e	district
der Wohnblock/ ̈e	block of flats
die Wohnsiedlung/en	housing estate
der Wohnungsbesitzer	householder
der Zaun/ ̈e	fence

Adjectives and adjectival phrases

anonym	anonymous
auffällig	noticeable
bekannt	familiar
benachbart	neighbouring
das benachbarte Gebäude	adjacent building
einsam	lonely
eng	close
die feindselige Haltung	hostile attitude
freiwillig	voluntary
freundlich	friendly
gelegentlich	occasional, occasionally
gesellig	sociable
hilfsbereit	helpful
hochnäsig, snobistisch	snobbish
höflich	polite
in der Nähe	nearby
ländlich	rural
die lästigen Angewohnheiten	irritating habits
laut	noisy
nachbarschaftlich	neighbourly
nahe	close-by
nebenan	next door
die neugierigen Nachbarn	inquisitive neighbours
öffentlich	public
örtlich	local
rücksichtslos	inconsiderate
rücksichtsvoll	considerate
städtisch	urban
unhöflich	impolite

| Verbs and verb phrases |

an der Tür klopfen	knock on the door
an.bieten (bot, geboten)	offer
ärgern	annoy
Ärgernis erregen	cause a nuisance
aus.kommen mit (kam, gekommen) + dat.	get on with
aus.tauschen	exchange
belästigen	bother
besitzen (besaß, besessen)	own
borgen	borrow
borgen, leihen (lieh, geliehen)	lend
böse werden	get angry
das Auto ab.stellen	park the car
den Rasen mähen	mow the lawn
die Beherrschung verlieren (verlor, verloren)	lose your temper
eine Party geben (gab, gegeben)	throw a party
einkaufen gehen (ging, gegangen)	go shopping
Freunde werden	make friends
freundschaftlich verkehren mit + dat.	have friendly contact with
grillen	barbecue
gut miteinander aus.kommen (kam, gekommen)	be on friendly terms
jemandem auf die Nerven gehen (ging, gegangen)	get on someone's nerves
jemandem behilflich sein	give someone a hand
jemandem einen Gefallen tun (tat, getan)	do someone a favour
jemandem helfen (half, geholfen)	assist someone
kennen.lernen	get to know
klatschen	gossip

kümmere dich um deine Angelegenheiten	mind your own business
kurz rein.schauen	drop in
Lärm machen	make a noise
mit jemandem gut aus.kommen (**kam, gekommen**)	get on with someone
plaudern	have a chat
Rücksicht nehmen (nahm, genommen)	show consideration
sich ärgern über + acc.	be annoyed by
sich duzen	be on first-name terms
sich erkundigen nach + dat.	enquire about
sich grüßen	say hello
sich kümmern um + acc.	look after
sich verkrachen mit + dat.	fall out with
stören	disturb
Streit haben	have a row
um Erlaubnis bitten (bat, gebeten)	ask permission
um.ziehen (zog, gezogen)	move house
verklagen	take to court
vorbei.schauen	call round
vor.ziehen (zog, gezogen)	prefer
zerstören	destroy

Illustrative sentences

Die Kinder haben keinen **Platz zum Spielen**.
The children have no place to play.

Sie feiern ein **Straßenfest**.
They organize a street party.

Die Nachbarn haben **lästige Angewohnheiten**.
The neighbours have irritating habits.

Sie **erregen** viel **Ärgernis** durch Lärm.
They cause a nuisance by being noisy.

Sie **kommen gut** miteinander **aus**.
They are on friendly terms.

Die Nachbarn **duzen sich**.
The neighbours are on first-name terms (say 'du').

Sie **grüßen** sich nicht.
They don't say hello.

Part II

Social topics

Ältere Menschen

12

Topic questions

1. Was können die junge und die alte Generation voneinander lernen?

2. Hat die Jugend immer noch Respekt vor der älteren Generation?

3. Wie könnten sich ältere Menschen auf den „Schock" nach der Pensionierung vorbereiten?

4. Es gibt in Zukunft immer mehr ältere Menschen. Wird sich dadurch die Einstellung der Gesellschaft gegenüber der Jugend und dem Älterwerden irgendwie ändern?

5. Macht unsere Gesellschaft einen Kult aus der Jugend bzw. Jugendlichkeit?

6. Was macht das Älterwerden interessant?

7. Wie kommen ältere Menschen mit dem Leben in einer modernen Welt zurecht – beim Einkaufen, bei der Benutzung öffentlicher Verkehrsmittel, beim Umgang mit Nachbarn und Familien, im Straßenverkehr, im Umgang mit der Technik?

8   Aufgrund welcher Eigenschaften sind ältere Menschen für gewisse Jobs besser geeignet als jüngere?

9   Gilt die Aussage „je älter, desto konservativer"?

10   Die Rolle älterer Menschen wird in verschiedenen Kulturen und Gesellschaften höchst unterschiedlich bewertet. Wo liegen die Gründe dafür?

Keywords

Nouns and noun phrases

die Abhängigkeit von + dat.	dependency on
das Alter	age
die Altersgruppe/n	age group
das Altersheim/e	old people's home
die Alterspflege	long-term care
der Ausflug/ ̈e	excursion
die Autorität/en	authority
die Behandlung/en	treatment
die Benutzung	use
das dritte Lebensalter	third age
die Eigenständigkeit	self-reliance
die Einstellung/en	attitude
die Enkelkinder	grandchildren
die Erfahrung/en	experience
der Familienkreis	family circle
die Freizeit	free time
die Gebrechlichkeit	frailty
das Gedächtnis	memory
die Generation/en	generation
der Generationskonflikt/e	generation gap

die Gerontologie	gerontology
die Gesundheit	health
die Grauen Panther	Grey Panthers
die Großeltern	grandparents
die Großfamilie/n	extended family
die Jugend	youth, younger generation
die Jugendlichkeit	youthfulness
die Kleinfamilie/n	nuclear family
das Krankenhaus/ ⁻er	hospital
die Krankheit/en	illness
der Kult	cult
die Langlebigkeit	longevity
die medizinische Behandlung/en	medical treatment
die Midlife-Krise	mid-life crisis
die öffentlichen Verkehrsmittel	public transport
die Pensionierung	retirement
die Pflege	nursing
die Privatklinik/en	nursing home
die Reife	maturity
die Rente/n	pension
der Rentner	pensioner
der Respekt vor + dat.	respect for
der Ruhestand	retirement
die Schwäche	infirmity
die Senioren	senior citizens
die Sicherheit	security
der Sozialstaat/en, das soziale Netz	welfare system
die Stärke	strength
der Umgang mit + dat.	dealing with
die Unabhängigkeit	independence
der Verein/e	club
der Verlust von + dat.	loss of

die Versicherung/en	insurance
der Verwandte/n	relatives
die Vitalität	vitality
die Weisheit	wisdom
die Weiterbildung	further education
die Würde	dignity

Adjectives and adjectival phrases

abgeschnitten	cut off
abhängig von + dat., angewiesen auf + acc.	dependent on
aktives Leben	active way of life
älter	elderly
alternd	ageing
angesehen	respected
anpassungsfähig	adaptable
begeistert	enthusiastic
behindert	handicapped
bettlägerig	bedridden
einsam	lonely
erfahren	experienced
geeignet für + acc.	suited to
geistig rege	mentally active
gemächlich	leisurely
gesund	healthy
greisenhaft	senile
in älteren Jahren	in later life
in ihren Gewohnheiten erstarrt	set in their ways
isoliert	isolated
jugendlich	youthful
die konservative Einstellung/en	conservative attitudes
körperlich	physical

krank	sick
langjährig, erfahren	veteran
mittleren Alters	middle-aged
langsam	slow
munter	alert
passiv, zurückgezogen	inactive
ruhig	peaceful
rüstig	vigorous
die sich verschlechternde Gesundheit	declining health
tatkräftig	energetic
traditionell	traditional
unabhängig von + dat.	independent of
unternehmungslustig	enterprising
verwitwet	widowed

Verbs and verb phrases

ab.nehmen (nahm, genommen)	decrease
aktiv an etwas teil.haben	take an active part
Aufgaben erfüllen	perform tasks
bewerten	evaluate, judge
ein aktives Leben führen	lead an active life
eine Weltreise machen	go on a trip round the world
Erfahrung weiter.geben (gab, gegeben)	pass on experience
fertig.werden mit + dat.	deal with
finanzieren	finance
Freizeit genießen (genoß [genoss], genossen)	enjoy free time
gelten (galt, gegolten) für + acc.	apply to; be true of
Hilfe leisten	give assistance to

Hobbies (dat.) nach.gehen (ging, gegangen)	pursue hobbies
in den Ruhestand treten (trat, getreten)	retire
in Kontakt bleiben (blieb, geblieben) mit + dat.	keep in touch with
Interessen verfolgen	pursue interests
Kontakte aufrecht.erhalten mit + dat.	maintain contacts with
Kontakte haben mit + dat.	have contact with
medizinisch betreut werden	receive medical treatment
pflegen	nurse, care for
planen	plan
Rat suchen bei + dat.	seek advice from
reisen	travel
Reisen machen nach	go on trips to
respektieren	respect
sammeln	collect
Schritt halten mit (hielt, gehalten) + dat.	keep up with
Schwierigkeiten haben mit + dat.	have difficulty in
sich an.passen an **+ acc.**	adapt
sich aus.ruhen	rest
sich beteiligen an + dat.	be involved in
sich erinnern an + acc.	remember
sich freuen auf + acc.	look forward to
sich interessieren für + acc.	take an interest in
sich kümmern um + acc.	care about
sich verlassen auf (verließ, verlassen) + acc.	rely on
sparen	save
teil.nehmen an (nahm, genommen) + dat.	join in, participate in

um.gehen mit (ging, gegangen) + dat.	deal, cope with
unter die Leute kommen (kam, gekommen)	get around
unterstützen	support
zu.nehmen (nahm, genommen)	increase
zurecht.kommen mit (kam, gekommen) + dat.	cope with
zurück.blicken auf + acc.	look back on

Illustrative sentences

Sie leiden an **Gebrechlichkeit**.
They suffer from frailty.

Er tritt in den **Ruhestand**.
He retires.

Sie treten einem **Verein** bei.
They join a club.

Sie sind von Einkaufsmöglichkeiten **abgeschnitten**.
They are cut off from the shops.

Sie führt ein **aktives Leben**.
She leads an active life.

Die Gesellschaft **paßt [passt] sich** den Bedürfnissen der
älter werdenden Bevölkerung **an**.
Society adapts to the needs of an ageing population.

Er **blickt** auf sein Leben **zurück**.
He looks back on his life.

Autos und Autofahrer

13

Topic questions

1. Es gibt eine Vielzahl von Autotypen und -größen, um den unterschiedlichen Bedürfnissen der Autofahrer gerecht zu werden. Beschreiben Sie einige davon.

2. Welche Autos und Autotypen verkaufen sich zur Zeit am besten? Warum?

3. Welche Faktoren sollten beim Autokauf besonders berücksichtigt werden – Preis, Sicherheit, Benzinverbrauch, Aussehen?

4. „Jeder Autotyp gibt Hinweise auf die Persönlichkeit seines Besitzers." Würden Sie dem zustimmen?

5. Welche Länder werden den Automarkt in Zukunft beherrschen – die Europäer, die Amerikaner, die Japaner oder andere Industrienationen?

6. „Wenn man mit modernen öffentlichen Verkehrsmitteln kostenlos fahren könnte, bräuchten wir weniger Autos." Was meinen Sie?

7. In den Großstädten steigt das Verkehrsaufkommen unaufhörlich. Beschreiben Sie einige Probleme, die dadurch verursacht werden.

8 Welche Straßenverhältnisse und Verkehrsbedingungen
können beim Autofahren gefährlich werden? Wie sollte
der Verkehrsteilnehmer seinen Fahrstil entsprechend
anpassen?

9 Wodurch werden Verkehrsunfälle am häufigsten
verursacht?

10 Was sollten Städte und Kommunen tun, um die
Verkehrssicherheit zu erhöhen?

Keywords

Nouns and noun phrases

der Abhang/ˉe	slope
der Alkohol am Steuer	drinking and driving
der Alkoholtest/s	breathalyser
der Allradantrieb	four-wheel drive
die Alufelgen	alloy wheels
die Auspuffgase	exhaust fumes
das Aussehen	appearance
der Autotyp/en	type of car
die Außenspur/en	outside lane
der Benzinverbrauch	fuel consumption
der Billigtarif/e	cheap fares
der Blinker	indicator
der Busfahrpreis/e	bus fare
die Busspur/en	bus lane
das Fabrikat/e	make (of car)
der Fahrplan/ˉe	timetable
die Fahrprüfung/en	driving test

der Fahrradweg/e	bicycle lane
der Fahrschein/e	ticket
das Fahrvergnügen	fun to drive
das Fahrzeug/e	vehicle
die Fahrzeugpflege	car care
der Familienwagen	saloon car
das Fließheck	hatch back
der Führerschein/e	driving licence
der Fußgängerüberweg/e	pedestrian crossing
die Fußgängerzone/n	pedestrian precinct
das Gaspedal	accelerator
die gebührenpflichtige Autobahn/en	toll motorway
der Gegenverkehr	oncoming traffic
der Geländewagen	off-roader
die Hauptverkehrsstraße/n	main road
die Höchstgeschwindigkeit	top speed
der Importwagen	imported car
die Industrienation/en	industrial nation
die Innenspur/en	inside lane
der Katalysator/en	catalytic converter
der Kombiwagen	station waggon
die Kommune/n	local authority
der Kreisverkehr	roundabout
die Kreuzung/en	crossroads, road junction
die Kriechspur/en	slow lane
die Kupplung/en	clutch
die Leistung	performance
der Lieferwagen	van
der LKW/s	lorry, truck
der Motor/en	engine
der Motorschaden	engine failure
die Nebenstraße/n	side road

die öffentlichen Verkehrsmittel	public transport
das Parkhaus/ ̈er	multi-storey car park
der Parkplatz/ ̈e	car park, parking space
die Parkuhr/en	parking meter
das Park und Ride-System	park-and-ride system
der Pendlerverkehr	commuter traffic
der Preis/e	price
die PS ('Pferdestärke')	horsepower
die Radarfalle/n	radar trap
der Radfahrer	cyclist
der Raser (coll.)	speed merchant
der Rastplatz/-ë	picnic area
die Reaktionszeit/en	reaction time
der Reifen	tyre
das Reifenprofil/e	tread
der Rückspiegel	rear mirror
der Scheibenwischer	windscreen wiper
die Sicherheit	safety
der sparsame Benzinverbrauch	fuel economy
die Städte und Kommunen	towns and local councils
das Stadtzentrum/en	city centre
das Steuer	steering wheel
die Stoßzeit/en	rush hour
der Strafzettel	ticket
die Straßenarbeiten	road works
der Straßenbelag/ ̈e	road surface
die Straßenlage	road holding
die Straßenverhältnisse	road conditions
die Strecke/n	route
der Streifenwagen	patrol car
die Tankstelle/n	filling station
die Überholspur/en	overtaking lane
die Umleitung/en	diversion
der Unfalltod	fatal accident

die Unfallstatistiken	accident statistics
die Verkehrsampel/n	traffic light
das Verkehrsaufkommen	traffic load
die Verkehrsbedingungen	traffic conditions
die Verkehrsberuhigung	traffic calming
der Verkehrslärm	traffic noise
die Verkehrsplanung	traffic planning
das Verkehrsschild/er	road sign
die Verkehrssicherheit	road safety
der Verkehrsstau/s	traffic jam
der Verkehrsteilnehmer	driver
der Verkehrsunfall/ⁱe	traffic accident
die Versicherung/en	insurance
die Verzögerung/en	delay
die Vororte	suburbs
die Wartungskosten	service costs
die Wegfahrsperre/n	engine immobilizer
die Windschutzscheibe/n	windscreen
der Zebrastreifen	zebra crossing
die Zündung/en	ignition

Adjectives and adjectival phrases	
die aggressive Fahrweise	aggressive driving
ausgestattet mit + dat.	fitted with
bei schlechten Lichtverhältnissen	in poor light
betrunken	drunk
dichter Verkehr	heavy traffic
die gefährlichen Straßenverhältnisse	hazardous road conditions
die geschlossene Ortschaft/en	built-up area

glatt	slippery
höflich	courteous
kostenlos	free of charge
kostspielig	costly
neblig	foggy
das neueste Modell/e	latest model
riskant	risky
rücksichtslos	reckless
vereist	icy
verkehrstüchtig	roadworthy
die verstopften Straßen	congested roads
die vorsichtige/gefährliche Fahrweise	careful/dangerous driving
die winterlichen Witterungsverhältnisse	wintry conditions
wirtschaftlich, sparsam	economical

Verbs and verb phrases

100 Kilometer zurück.legen	cover 100 kilometres
ab.schleppen	tow away
180 fahren (fuhr, gefahren)	go 180
auf die Geschwindigkeits-beschränkung achten	observe the speed limit
aus.scheren	veer out
beschädigen	damage
beschleunigen	accelerate
blasen müssen (coll.)	take a breath test
das Auto reparieren lassen	have the car repaired
das Auto zur Inspektion bringen (brachte, gebracht)	have the car serviced
den Bus nehmen (nahm, genommen)	catch a bus
den Bus verpassen	miss the bus

die Ampel wird rot	the lights turn red
die Geschwindigkeitsbegrenzung überschreiten (überschritt, überschritten)	exceed the speed limit
die Kontrolle über das Auto verlieren (verlor, verloren)	lose control of the car
ein Auto schneiden (schnitt, geschnitten)	cut in
ein Risiko ein.gehen (ging, gegangen)	take a risk
eine Geldbuße zahlen	pay a fine
eine Panne haben	have a breakdown
eine Reifenpanne haben	have a puncture
einen Strafzettel bekommen (bekam, bekommen)	get a 'ticket'
einen Unfall haben	have a crash
Fahrverbot erteilt bekommen	be banned from driving
falsch parken	park illegally
geradeaus fahren (fuhr, gefahren)	drive straight ahead
in eine Nebenstraße ein.biegen (bog, gebogen)	turn into a side road
jemanden überfahren (überfuhr, überfahren)	run over somebody
langsamer fahren (fuhr, gefahren)	slow down
lenken	steer
plötzlich an.halten (hielt, gehalten)	pull up suddenly
rückwärts fahren (fuhr, gefahren)	reverse
schalten	change gear
schleudern	skid
sich einer Sache (dat.) *an.passen*	adapt to
sich an.schnallen	fasten your safety belt
Sicherheitsabstand halten (hielt, gehalten)	keep a safe distance
Sicherheitsgurte an.legen	wear seat belts

überholen	overtake
um die Ecke fahren (fuhr, gefahren)	turn a corner
um.steigen (stieg, gestiegen)	change
verschmutzen	pollute
die Vorfahrt beachten	give way
Vorfahrt haben	have right of way
Zeichen geben (gab, gegeben)	give a signal
zum Stillstand kommen (kam, gekommen)	come to a standstill
zusammen.stoßen (stieß, gestoßen) mit + dat.	collide with

Illustrative sentences

Der **Benzinverbrauch** von Sportwagen ist zu hoch.
The fuel consumption of sports cars is too high.

Die Fahrgäste fahren zum **Billigtarif**.
The passengers pay a cheap fare.

Er schaltet den **Blinker** ein.
He puts on the indicator.

Er gerät in eine **Radarfalle**.
He is caught in a radar trap.

Er steckt im **Verkehrsstau**.
He is stuck in a traffic jam.

Er wurde von der Polizei angehalten und **mußte** [musste] **blasen**.
He was stopped by the police and had to take a breath test.

Der Fahrer **paßt** [passt] seinen Fahrstil den Verkehrsbedingungen **an**.
The driver adapts his driving to the traffic conditions.

Die High-Tech-Zukunft

14

Topic questions

1. Welche Veränderungen werden wahrscheinlich aus der Weiterentwicklung von Multimedia- und Informationstechnologie resultieren? Denken Sie an die Arbeitswelt, die Bildung, den Transport und die Kommunikation.

2. Werden Roboter und vollautomatische Produktionstechniken in Zukunft bestimmte Arbeitsplätze überflüssig machen?

3. Wie kann die moderne Technik uns dabei helfen, unsere Umwelt- und Energieprobleme zu lösen?

4. Katastrophen können durch technische Fehler ausgelöst werden. Sind wir schon zu abhängig von der Technik?

5. A: „Wissenschaftler sollten nicht unter allen Umständen Projekte durchführen, nur weil diese technisch möglich sind; die Folgen sind nicht kalkulierbar."
   B: „Fortschritt ist nur möglich, wenn Wissenschaftler in ihrer Forschungsarbeit nicht durch Vorschriften und Gesetze eingeschränkt werden."

   Was meinen Sie?

6 Inwiefern tragen Wissenschaftler eine gesellschaftliche Verantwortung für ihre Arbeit?

7 Kann die Menschheit auf lange Sicht von der Raumfahrt und Forschung im Weltall profitieren?

8 Welche Möglichkeiten könnten sich in Zukunft aus der Entwicklung in der Medizin ergeben – Gentechnologie, Organverpflanzung, Retortenbabys, künstliche Verlängerung des Lebens?

9 „Wenn die Möglichkeiten der modernen Technik vernünftig eingesetzt werden, können wir damit die meisten unserer gesellschaftlichen Probleme innerhalb der nächsten Jahre lösen." Würden Sie dem zustimmen?

10 Sind Sie selbst eher pessimistisch oder optimistisch, was die High-Tech-Zukunft betrifft?

Keywords

Nouns and noun phrases

das **Abfallprodukt/e**	'spin off' product
die **Anlage/n**	plant
die **Anwendung/en**	application
die **Arbeitslosigkeit**	unemployment
der **Arbeitsplatz/ ̈e**	workplace, job
der **Arbeitsplatzvernichter**	job-killer
die **Ausgaben**	expenditure
die **Ausrüstung**	equipment
die **Automatisierung**	automation
der **Bildschirm/e**	screen
der **Biologe/n**	biologist

der Bruchteil einer Sekunde	fraction of a second
die Chaosforschung	chaos research
die Chemie	chemistry
der Chemiker	chemist
der Chip/s	chip
der Computerarbeitsplatz/ ¨e	work-station
die Computerisierung	computerization
die Datenverarbeitung	information processing
der Einfluß [Einfluss] auf + acc.	impact on
die Einmischung in + acc.	interference in
die Elektronik	electronics
die Fertigungsstätte/n	production plant
der Forscher	researcher
die Forschung und Entwicklung	research and development
der Futurologe	futurologist
der Gebrauch von + dat.	use
das Gen/e	gene
die Genetik	genetics
die Gentechnologie	genetic engineering
die Glasfaser/n	glass fibre
die Glasfaseroptik	fibre optics
die Grundlagenforschung	basic research
der Halbleiter	semiconductor
das Handy/s	portable phone
die Informatik	information technology
der Ingenieur	engineer
das Klonen	cloning
die Kommunikationstechnologie	communications technology
das Labor/e	laboratory
der Laserstrahl/en	laser beam
die Leistung/en	achievement
der Maschinenbau	engineering

das Maschinenwerkzeug/e	machine tool
die Medizin	medicine
die Menschheit	mankind
die Mikrochirurgie	microsurgery
der Mikrocomputer	microcomputer
die Mikroelektronik	micro-electronics
der Mikroorganismus/en	micro-organism
der Mikroprozessor/en	microprocessor
der Monitor/en	VDU
die Montage	assembly
die Multimediatechnologie	multimedia technology
der Nachteil/e	drawback
die Nebenwirkung/en	side effects
die Organverpflanzung/en	organ transplant
die Physik	physics
der Physiker	physicist
die Produktionstechnik	manufacturing technology
die Raumfahrt/en	space travel
das Retortenbaby/s	test-tube baby
der Roboter	robot
die Robotertechnik	robotics
der Silikonchip/s	silicon chip
die Speicherkapazität	storage capacity
der Superleiter	superconductor
die Superleitfähigkeit	superconductivity
die Tastatur/en	keyboard
der Technologiepark/s	science park
die Telekommunikation	telecommunications
der Trend zu + dat.	trend towards
die Umlaufbahn/en	orbit
die Umschulung	retraining
die Umwelt- und Energieprobleme	environmental and energy problems

der Unfall/⸚e	accident
die Veränderung/en	change
die Verbindung/en	link
das Verfahren	process
die Verkleinerung	miniaturization
die Verlängerung	prolongation
die Vernetzung	network
die Waffentechnologie/n	weapons technology
die Weiterentwicklung	further development
die Weltraumforschung	space research
der Werkstoff/e	materials
das Werkzeug	tool
die Zukunft	future
der Zustand der Schwerelosigkeit	zero-gravity conditions

Adjectives and adjectival phrases

abhängig von + dat.	dependent on
die absehbaren Folgen	foreseeable consequences
analog	analog
angewandt	applied
automatisiert	automated
die bemannte Raumfahrt/en	manned space travel
benutzerfreundlich	user-friendly
berechenbar	calculable
die biologische Kriegsführung	biological warfare
digital	digital
digitalisiert	digitalized
eingebaut	integrated, implanted
erfinderisch	inventive
erneuerbar	renewable
der gesellschaftliche Nutzen	social use
die herkömmliche Methode/n	conventional method

die hochentwickelten Methoden	sophisticated methods
Hochgeschwindigkeits-	high-speed
in großem Maßstab	large-scale
in kleinem Maßstab	small-scale
kostenwirksam	cost-effective
künstlich	artificial
leistungsfähig	efficient
die militärische Anwendung/en	military application
molekular	molecular
die nicht absehbaren Folgen	unforeseeable consequences
die postindustrielle Gesellschaft/en	post-industrial society
die praktische Anwendung/en	practical application
sich wiederholend	repetitive
simultan	simultaneous
überflüssig	superfluous
unabsehbar	incalculable
utopisch	utopian
verantwortlich	accountable, responsible
vollautomatisch	fully automatized
die vollautomatisierten Fabriken	unmanned factories
wiederverwendbar	reusable
wirksam	effective
die zivile Anwendung/en	civil application

Verbs and verb phrases

an.wenden	apply
an.zeigen	display
Arbeitsplätze weg.rationalisieren	displace jobs
aus etwas Nutzen ziehen (zog, gezogen)	benefit from

behandeln	treat
berechnen	work out
betreffen (betraf, betroffen)	affect
defekt sein	malfunction
ein Signal aus.senden	emit a signal
eine Operation durch.führen	perform an operation
einen Durchbruch erzielen	achieve a breakthrough
erleichtern	facilitate
eröffnen	open up
erschweren	impede
ersetzen	replace
erwarten, vorweg.nehmen (nahm, genommen)	anticipate
im voraus [Voraus] planen	plan ahead
Informationen speichern	store information
investieren in + acc.	invest in
Lebenserwartung verlängern	prolong life expectancy
montieren	assemble
projektieren	project
revolutionieren	revolutionize
simulieren	simulate
starten	launch
Tests durch.führen	carry out tests
übermitteln	transmit
überwinden (überwand, überwunden)	overcome
umkreisen	orbit
verbinden mit (verband, verbunden) + dat.	link to
versagen	break down

Illustrative sentences

Das **Verfahren** wird durch einen Computer gesteuert.
The process is controlled by a computer.

Neue **Werkstoffe** werden im Labor entwickelt.
New materials are developed in the laboratory.

Die **angewandte** Forschung ist sehr kostspielig.
Applied research is very expensive.

Die Zukunft gehört den **erneuerbaren** Energien.
The future belongs to renewable energies.

Sind sie dafür **verantwortlich**, was aus ihren Erfindungen
   gemacht wird?
Are they accountable for what is done with their
   inventions?

Die Kalkulation wird **erleichtert**.
The calculation is facilitated.

Informationen über die aktuelle Politik werden
   schnellstmöglich **übermittelt**.
Information about current politics is transmitted as rapidly
   as possible.

Die Jugend von heute

15

1. Hat die heutige Jugend die gleichen Meinungen und Wertvorstellungen wie frühere Generationen? Denken Sie an Arbeit und Beruf, ethische und politische Probleme, Geld, Sexualität oder Glaubensfragen.

2. „Ich möchte nie mehr ein Teenager sein!" Ist das auch Ihre Meinung?

3. Wie unterscheidet sich die heutige Elterngeneration von ihren Kindern, was Musikgeschmack, Mode, Lebensstil und Moral betrifft?

4. „Die Gesellschaft bietet nicht genügend Ventile für die kreative Energie und Aufsässigkeit junger Menschen. Deshalb haben sie Langeweile." Stimmen Sie dem zu?

5. „Die heutige Jugend hat mehr Probleme und Zukunftsängste als ihre Eltern in deren Jugendzeit." Was meinen Sie?

6. Einige Menschen heiraten sehr jung. Welche Vor- und Nachteile bringt dies mit sich?

7 Teds, Hippies, Punks, Rockers, Skinheads, Techno-Freaks, Ökos – beschreiben Sie einige der wichtigsten Bewegungen der Jugendkultur in Vergangenheit und Gegenwart.

8 Ist die Jugendkultur wirklich ein Ausdruck der Gefühle junger Leute oder einfach nur ein Produkt der Medien?

9 Welche Ideale verkörpern die Rollenmodelle und Vorbilder junger Menschen heutzutage?

10 Welche waren die großen Jugendrebellen früherer Jahrzehnte? Haben sie noch Vorbildcharakter?

Keywords

Nouns and noun phrases

die Altersgruppe/n	age group
die Ängste, die Sorgen	fears, anxieties
die Aufsässigkeit	rebelliousness
die äußere Erscheinung	appearance
der Ausdruck	expression
der Aussteiger	drop-out
die Autorität/en	authority
die Autoritätsperson/en	figure of authority
die Bande/n	gang
das Benehmen	form of behaviour
die Berufsaussichten	job prospects
die Berufswahl	choice of career
die Bewegung/en	movement
der Drogenkonsum	drug abuse
der Ehrgeiz	ambition

der Einfluß/¨-sse [Einfluss]	influence
die Einstellung/en	attitude
die Eltern	parents
die Elterngeneration/en	parental generation
die Energie	energy
die Entwicklung, die Entfaltung	development
die Entwicklungsphase/n	formative years
der Erwachsene/n	adult
die Erziehung	education, upbringing
die Familienbande	family ties
der Freund/e	boyfriend
die Freundin/nen	girlfriend
die Freundschaft/en	friendship
die Frisur/en	hairstyle
die Gegenkultur/en	counter-culture
die Generation/en	generation
der Generationskonflikt/e	generation gap
der Glaube	religious belief
der Held/en	hero
die Heldenverehrung	hero worship
die Heldin/nen	heroine
die Hoffnung/en	hope
das Ideal/e	ideal
die Identität/en	identity
in unserem Alter	at our age
die Jugend	young people
die Jugendkultur/en	youth culture
der Jugendrebell/en	youth rebel
die Jugendlichen, die Kinder	'kids'
die Jugendkriminalität	juvenile crime
das Jugendzentrum/en	youth club
der Lebensstil	lifestyle
die Meinung/en	opinion

der Militärdienst	military service
die Mode/n	fashion
die Möglichkeit/en, die Gelegenheit/en	opportunity
der Musikgeschmack/ ̈er	musical taste
die Perspektive/n	perspective
das Piercing	piercing
die Popkultur	pop culture
die Provokation/en	provocation
der Randalierer	hooligan
der Randalismus	hooliganism
die Rockmusik	rock music
die Rolle/n	role
das Rollenmodell/e	role model
die Scheiße (coll.)	crap
das schlechte Benehmen, das Fehlverhalten	misbehaviour
der Schulabgänger	school-leaver
die Sechziger, Siebziger, Achtziger, Neunziger	sixties, seventies, eighties, nineties
das Selbstvertrauen	self-confidence
die Sexualität	sexuality
die Spannungen	friction
der Status, die Position/en	status
das Stipendium/en	grant
das Taschengeld	pocket-money, allowance
die Tätowierung/en	tattoo
der Teenager	teenager
der Traum/ ̈e	dream
das Ventil/e	outlet
das Vorbild/er	role model
das Wachstum, die Entwicklung	growth
das Wahlalter	voting age
die Werbung	advertising

die Wertvorstellung/en	value
die Zeitschrift/en	magazine
der Zeitvertreib	pastime
der Zivildienst	community service
die Zukunftsangst/ ̈e	fear for the future

Adjectives and adjectival phrases

abhängig von + dat.	dependent on
ähnlich	similar
die altmodische Einstellung/en	old-fashioned attitudes
antiautoritär	anti-authoritarian
apathisch, gleichgültig	apathetic
artig	well-behaved
attraktiv, hübsch	attractive
ätzend (coll.)	shitty
äußerlich	outward
avantgardistisch	avant-garde
beliebt	popular
beruflich	vocational
blöd	stupid
echt (coll.)	really, extremely
egal	indifferent
eigen	own
die elterliche Fürsorge	parental care
emotional	emotional
energisch, tatkräftig	energetic
erwachsen	adult
frustriert	frustrated
geil (coll.)	cool, great
gelangweilt von + dat.	bored by
heutig	of today
idealistisch	idealistic

'in' (coll.)	trendy
in jungen Jahren	in early life
jugendlich, heranwachsend	adolescent
kultiviert	sophisticated
lax	lax
die ledige Mutter/Mütter	unmarried mother
liberal	liberal
mega- (coll.)	mega-
modisch	fashionable
natürlich, ungezwungen	natural
öde (coll.)	boring, uninteresting
optimistisch	optimistic
orientierungslos	lacking direction
politisch engagiert	politically committed
die rebellische Haltung/en	rebellious attitude
reif	mature
romantisch	romantic
scharf (coll.)	hot, sexy
schlecht gelaunt	in a bad mood
selbstbewußt [selbstbewusst]	self-confident
sensibel	sensitive
die sexuelle Entwicklung/en	sexual development
spontan	spontaneous
streng	strict
tierisch (coll.)	really, extremely
traditionell	traditional
typisch für + acc.	typical of
unabhängig von + dat.	independent of
unmodisch	unfashionable
unreif	immature
unsicher	insecure
unverantwortlich	irresponsible
verständnisvoll, verständig	understanding

Verbs and verb phrases

an.leiten, führen	guide
auf.ziehen (zog, gezogen)	rear
auf.schauen zu + dat.	look up to
aus.gehen (ging, gegangen) mit + dat.	go out with
aus.steigen (stieg, gestiegen)	drop out
beschränken, ein.schränken	restrict
bewundern	admire
eine Ausbildung machen als	train to be
eine Beziehung haben zu + dat.	relate to
eine Laufbahn ein.schlagen (schlug, geschlagen)	choose a career
eine Lehre machen	take a traineeship
eine Mode über.nehmen (nahm, genommen)	adopt a fashion
einen Abschluß [Abschluss] machen	get a qualification
einen festen Freund/eine feste Freundin haben	be going steady
enttäuschen	disappoint
erforschen	explore
erziehen (erzog, erzogen) zu etwas (dat.)	bring up, educate to something
experimentieren	experiment
heiraten	get married
heraus.fordern	challenge
herum.hängen (hing, gehangen) (coll.)	hang around
jemanden zu etwas erziehen (erzog, erzogen)	bring someone up to be
Komplexe haben	have complexes

Mädchen (Jungs) ab.schleppen (coll.)	pick up girls (boys)
Militärdienst leisten	do military service
mit jemandem aus.gehen (ging, gegangen)	date
null Bock haben (coll.)	not to care, to be uninterested in anything
planen, vor.haben	plan
provozieren	provoke
randalieren	cause trouble, get into fights
Rat geben (gab, gegeben)	give advice
raten (riet, geraten)	advise
reifen	mature
schlafen mit + dat.	sleep with
schockieren	shock
schwanger werden	become pregnant
sich amüsieren	have a good time
sich an.passen an + acc.	conform to
sich anständig benehmen (benahm, benommen)	behave well
sich betrinken (betrank, betrunken)	get drunk
sich einer Bande an.schließen (schloß [schloss], geschlossen)	join a gang
sich entwickeln	develop
sich gegen die Autorität auf.lehnen	rebel against authority
sich identifizieren mit + dat.	identify with
sich interessieren für + acc.	take an interest in
sich jemandem an.vertrauen	confide in
sich strafbar machen	commit an offence
sich um eine Stelle bewerben (bewarb, beworben)	apply for a job

sich unterscheiden (unterschied, unterschieden) von + dat.	differ
sich verlieben	fall in love
sich verloben	get engaged
Spaß [Spass] machen	be fun
studieren	study, go to college/university
Taschengeld aus.geben (gab, gegeben)	spend pocket money
verkörpern	embody
verstehen (verstand, verstanden)	understand
volljährig werden	come of age
wachsen, entwickeln	grow

Illustrative sentences

Er wird zum **Aussteiger**
He becomes a drop-out.

Die **Berufsaussichten** sind günstig.
The job prospects are favourable.

Sie sind **gelangweilt vom** Nichtstun.
They are bored by doing nothing.

Die Mode ist nicht mehr **'in'**.
The fashion is no longer trendy.

Er **schaut zu** seinem älteren Brüder **auf**.
He looks up to his older brother.

Sie werden **dazu erzogen**, Verantwortung zu übernehmen.
They are brought up to take responsibility.

Sie **vertraut sich** ihrer Freundin **an**.
She confides in her girlfriend.

Frauen und Männer

16

Topic questions

1. „Auch Männer sollen sich emanzipieren." Was meinen Sie?

2. Gibt es Berufe, für die Frauen oder Männer aufgrund ihres Geschlechts nicht (oder weniger) geeignet sind?

3. Haben Frauen in den letzten Jahrzehnten größeren politischen, sozialen oder wirtschaftlichen Einfluß [Einfluss] erlangen können?

4. „Die Gründe für Schwierigkeiten bei der Frauenemanzipation sind vor allem bei den Frauen selbst zu suchen." Was meinen Sie?

5. Man sagt, daß [dass] Männern vieles schwerer fällt als Frauen: den Haushalt führen, Gefühle ausdrücken, Kinder aufziehen, die Gefühle anderer verstehen, andere Menschen pflegen. Ist das naturbedingt, oder liegt es an ihrer Erziehung?

6. In welcher Hinsicht unterscheiden sich Männer- und Frauenrollen in anderen Gesellschaften und Kulturen voneinander?

7 | Tragen Fernsehen, Werbung und Kino nach wie vor dazu bei, die Einstellung von Frauen gegenüber Männern bzw. umgekehrt zu beeinflussen?

8 | Warum gibt es nur relativ wenige weibliche Staatsoberhäupter, Chirurgen, Minister, Industrielle, Unternehmer, Richter oder Polizisten?

9 | Glauben Sie, daß [dass] die älteren und jüngeren Generationen unterschiedliche Auffassungen von Männer- und Frauenrollen haben?

10 | Inwiefern sollten Frauen den Männern vielleicht etwas ähnlicher sein?

11 | Verdrängen Frauen heutzutage die Männer von den Arbeitsplätzen?

Keywords

Nouns and noun phrases

die Abhängigkeit von + dat.	dependence on
die Ähnlichkeit	similarity
die Auffassung/en	view, opinion
die Ausbildung	training
die Befreiung	liberation
der Beruf/e	profession
die berufstätigen Mütter	working mothers
die Beziehung/en	relationship
die Doppelbelastung	double burden
die Eigenschaften	characteristics
die Einkommensstufe/n	wage level
die Einstellung/en	attitude

die Emanzipation	emancipation
die Erziehung	upbringing, education
das Familienoberhaupt/ⁿer	head of the family
der Feminismus	feminism
der Feminist/en	feminist
die Forderung/en	demand
die Frauenbewegung	women's movement
die Frauenemanzipation	women's emancipation
das Frauenwahlrecht/e	women's suffrage
die Geburt/en	childbirth
die Geburtenregelung	birth control
das Gefühl/e	emotion
das Geschlecht/er	gender
die Gesetzgebung	legislation
die gleiche Bezahlung	equal pay
die gleichen Chancen	equal opportunities
die Gleichheit	equality
die Hausarbeit	housework
der Haushalt/e	household
die Herausforderung/en	challenge
die Hierarchie/n	hierarchy
der Kindergarten	kindergarten
die Kinderkrippe/n	crèche
die Kindertagesstätten	childcare facilities
das Klischee/s	cliché
die Last/en	burden
die lästige Hausarbeit/en	chore
der männliche Chauvinismus	chauvinism
der Macho/s	macho
der Mutterschaftsurlaub	maternity leave
der Partner/die Partnerin	partner
die Pflege	nursing
die Quoten	quota

die Scheidung/en	divorce
das Selbstvertrauen	self-confidence
der Sexismus	sexism
die sexuelle Diskriminierung	sex discrimination
die soziale Rolle/n	social role
die Sozialisation	socialization
das Stereotyp/en	stereotype
der Teilzeitjob/s	part-time job
die Unähnlichkeit	dissimilarity
die Ungleichheit	inequality
die Vaterschaft	fatherhood
das Verhalten	behaviour
das Verhütungsmittel	contraceptive

Adjectives and adjectival phrases

die ans Haus gefesselten Mütter	housebound mothers
bestimmt, bedingt durch + acc.	determined by
die biologische Konstitution	biological make-up
berechtigt zu + dat.	entitled to
dominierend	dominant
die dominierende Persönlichkeit/en	over-assertive character
ehrgeizig	ambitious
emanzipiert	emancipated
emotional	emotional
erfolgreich	successful
feminin	feminine
feministisch	feminist
geeignet	suited

gerecht	fair
geschickt	skilled
gesetzlich	legal
die gleichen Chancen	equal opportunities
die häusliche Arbeit/en	domestic work
instinktiv	instinctive
das klischeehafte Bild/er	stereotyped image
macho-	macho
männlich	male
der männliche Chauvinist/en	male chauvinist
maskulin	masculine
matriarchalisch	matriarchal
minderwertig	inferior
monogam	monogamous
natürlich	natural
patriarchalisch	patriarchal
polygam	polygamous
qualifiziert	qualified
rational	rational
romantisch	romantic
schwanger	pregnant
sexistisch	sexist
die sich ergänzenden Rollen	complementary roles
die traditionelle Rollenverteilung/en	traditional division of roles
überlegen	superior
ungeeignet	unsuited
ungerecht	unfair
unnatürlich	unnatural
unterrepräsentiert	underrepresented
von Männern beherrscht	male-dominated
weiblich	female

Verbs and verb phrases

ab.lehnen	reject
aus.beuten	exploit
aus.bilden	train
aus.drücken	express
beschäftigen, ein.stellen	employ
das Bewußtsein [Bewusstsein] wecken	raise consciousness
das Haus putzen	clean the house
die Hausarbeit verrichten	do the housework
einen Bewuß[ss]tseinswandel herbei.führen	change attitudes
erreichen	achieve
Fortschritte machen	make progress
Gehalt verdienen	earn a salary
Geschirr ab.waschen (wusch, gewaschen)	do the washing up
Gleichberechtigung fordern	demand equality
jemanden diskriminieren	discriminate against sb.
kämpfen für + acc.	struggle for
Karriere machen	pursue a career
Kinder auf.ziehen (zog, gezogen)	rear children, bring up children
Kinder bekommen (bekam, bekommen)	have children
Mahlzeiten zu.bereiten	do the cooking
sich befreien	liberate oneself
sich die Last teilen	share the burden
sich emanzipieren	emancipate yourself
sich um eine Stelle bewerben (bewarb, beworben)	apply for a job
sich verlieben in + acc.	fall in love with
sorgen für + acc.	look after

Verantwortung teilen	share responsibility
verdrängen	displace
verstärken	reinforce

Illustrative sentences

Berufstätige Mütter haben eine **Doppelbelastung.**
Mothers who go out to work have a double burden.

Sexistisches Verhalten ist weit verbreitet.
Sexist behaviour is widespread.

Ehepartner spielen **sich ergänzende Rollen.**
Marriage partners play complementary roles.

Frauen sind in vielen Berufen **unterrepräsentiert.**
Women are underrepresented in many professions.

Im Büro

17

1. Wie ist das Verhältnis unter Ihren Kollegen? Eher formell? Wie wirkt sich das auf die Arbeit im Büro aus?

2. A: „ Es gibt zu viel Tratsch und Klatsch im Büro."
   B: „ Mit Kollegen zu plaudern schafft eine freundliche Arbeitsatmosphäre."

   Was meinen Sie?

3. Nennen Sie die Vor- und Nachteile der Arbeit in einer kleinen bzw. großen Firma.

4. Welche Aspekte finden Sie in Ihrem eigenen Berufsleben eher frustrierend, welche befriedigend?

5. „Rivalität und Konkurrenzdenken unter den Mitarbeitern oder zwischen verschiedenen Abteilungen einer Firma nützen dem Unternehmen." Würden Sie dem zustimmen?

6. Können Sie über Erfahrungen mit Großraumbüros berichten? Ist diese Arbeitsatmosphäre den traditionell gestalteten Büros vorzuziehen?

7 Haben Ihre Kollegen die Möglichkeit, ihrem
Vorgesetzten gegenüber Vorschläge zu machen oder
Kritik zu äußern? Hört man ihnen zu?

8 Verhält sich Ihr Arbeitgeber gerecht, wenn es um
Angelegenheiten wie Beförderung,
Weiterbildungsmöglichkeiten, Ferienpläne etc. geht?

9 Ist die Arbeitnehmervertretung durch Personalrat,
Gewerkschaft oder Berufsverband in Ihrer Firma
ausreichend gewährleistet?

10 Tragen Betriebsausflüge oder -feste zu einem
freundlicheren Arbeitsklima bei, oder handelt es sich
dabei nur um jährliche Rituale ohne Bedeutung?

Keywords

Nouns and noun phrases

das Ablagesystem/e	filing system
die Abteilung/en	department
der Abteilungsleiter	head of the department
der Arbeitgeber	employer
der Arbeitnehmer	employee
die Arbeitnehmervertretung/en	staff representation
die Arbeitsatmosphäre	working atmosphere
die Arbeitsbelastung	workload
das Arbeitsklima	working climate
der Arbeitsplatz/¨e	workplace, job
die Arbeitszufriedenheit	job satisfaction
auf der Tagesordnung	on the agenda
auf Kosten von + dat.	at the expense of
der Aufenthaltsraum/¨e	rest-room

die Aufgabe/n	task
die Ausbildung	training
die Bedeutung	importance, significance
die Beförderung	promotion
die Berufsaussichten	job prospects
der Berufsverband/ ̈e	professional association
die Beschwerde/n	complaint
der Betrieb/e	company, office
der Betriebsausflug/ ̈e	office outing
das Betriebsfest/e	office party
der Betriebsrat/ ̈e	works council
die Beziehungen	relations
das Bildschirmgerät/e	VDU
die Bürokratie, der Paperkrieg	'red tape'
die Chancengleichheit	equal opportunities
der Chef/s	boss
die Empfangsdame/n	receptionist
die Erfahrung/en	experience
die Erkundigung/en, die Nachfrage/n	enquiry
der Ferienplan/ ̈e	holiday schedule
das Gehalt/ ̈e	salary
das Gerücht/e	rumour
die Geschäftsreise/n	business trip
die Gewerkschaft/en	trade union
die Gleitzeit	flexitime
das Großraumbüro/s	open-plan office
die Herausforderung	challenging task
die Hierarchie/n	hierarchy
der Klatsch	gossip
das Klima	climate
die Konkurrenz	competition
das Konkurrenzdenken	competitive mentality

der Kummerkasten/kästen	suggestion box
der Kunde/n	client
die Laufbahn/en	career
die Loyalität	loyalty
der Mitarbeiter	colleague, member of staff
die Mittagspause	lunch hour
der Mutterschaftsurlaub	maternity leave
die Nebeneinkünfte, die Extras	perks
der Ordner	file
der Papierkram	paperwork
der Personalrat/ ̈e	staff representative, works council
das Photokopiergerät/e, der Kopierer	photocopier
die Raucherecke, -zone	smoking area
das Ritual/e	ritual
die Rivalität/en	rivalry
die Routine	routine
das Schreibbüro/s	typing pool
die Schwierigkeit/en	difficulty
die Sicherheit des Arbeitsplatzes	job security
der Stellvertreter	deputy
die Teepause/n	tea-break
der Termin/e, die Verabredung/en	appointment
das Textverarbeitungssystem/e	word processor
der Tratsch und Klatsch	talk and gossip
die Übereinkunft/ ̈e	agreement
der Untergebene/n	subordinate
die Unternehmenspolitik	company policy
die Verbreitung von Skandalgeschichten	scandal-mongering
die Vereinbarung/en	arrangement

die Vergünstigungen, das Vorrecht/e	privilege
das Verhältnis zu + dat., unter + dat.	relationship with, among
der Vertreter	representatives
die Verzögerung/en	delay
der Vorgesetzte/e	boss, superior
der Vorschlag/ⁱe	suggestion
der Vorstand/ⁱe	chairman
die Weiterbildung	(inhouse) training
der Zeitplan/ⁱe	schedule
die zusätzlichen Vergütungen	fringe benefits

Adjectives and adjectival phrases

das angenehme Betriebsklima	pleasant atmosphere in the firm
ausreichend	adequate, sufficient
die befriedigende Arbeit	rewarding work
beschäftigt	busy
die dringende Angelegenheit/en	urgent matter
frustrierend	frustrating
gestaltet	laid out, shaped, formed
der hilfreiche Rat/Ratschläge	helpful advice
innovativ	innovative
jährlich	annual
der konstruktive Vorschlag/ⁱe	constructive suggestion
die lange Arbeitszeit/en	long working hours
lästig, störend	irritating
die leitende Position/en	senior post
routinemäßig	routine
traditionell	traditional
überarbeitet	overworked

unfähig	incompetent
unpraktisch	impractical
unzureichend	inadequate
verantwortlich für + acc.	responsible for
der vertrauliche Bericht/e	confidential report
vorzuziehen	preferable
das zeitraubende Verfahren	time-consuming method
zuständig für + acc.	responsible for

Verbs and verb phrases

an einer Besprechung teil.nehmen (nahm, genommen)	attend a meeting
Anweisungen geben (gab, gegeben)	give instructions
befördern	promote
befördert werden	get promotion
ein Rundschreiben heraus.geben (gab, gegeben)	send a memo
eine Entscheidung fällen	make a decision
eine Konferenz ausfallen lassen	cancel a meeting
eine Lohnerhöhung bekommen (bekam, bekommen)	get a rise
eine Pause machen	have a break
eine Vereinbarung treffen (traf, getroffen)	make an arrangement
einen Tag frei.nehmen (nahm, genommen)	take the day off
einen Termin vereinbaren	make an appointment
einen Vorschlag machen	make a suggestion
Einwände erheben (erhob, erhoben) gegen + acc.	object to
etwas läuten hören (coll.)	hear something 'on the grapevine'

feuern, entlassen (entließ, entlassen)	fire
für jemanden ein.springen (sprang, gesprungen)	fill in for someone
gestalten	lay out, plan
gewährleisten	guarantee, provide
grünes Licht geben (gab, gegeben)	give the go-ahead
jemandem etwas aus.richten	take a message for somebody
klatschen, tratschen	gossip
konfrontieren mit + dat.	confront with
Kritik äußern	express criticism
kündigen	give notice
mit jemandem gut aus.kommen	get on with someone
plaudern	have a chat
Rat erteilen	give advice
Schwierigkeiten bereiten	cause difficulties
sich bewerben für (bewarb, beworben) + acc.	apply for
sich duzen	be on first name terms, say 'du'
sich einigen	make an agreement
sich krank melden	be off sick
sich verhalten	behave
stören	disturb
über Geschäftliches reden	'talk shop'
Überstunden machen	do overtime
überwachen, kontrollieren	supervise, keep check on
verschieben (verschob, verschoben)	postpone
Vorkehrungen treffen (traf, getroffen)	make arrangements
Zeit vergeuden	waste time

Illustrative sentences

Der Job bietet gute **Berufsaussichten.**
The work offers good job prospects.

Unser Betrieb hat **Gleitzeit** eingeführt.
Our company has introduced flexitime.

Die Mitarbeiterinnen haben ein Recht auf
    Mutterschaftsurlaub.
The women members of staff are entitled to maternity
    leave.

Sie ist für die Planung **zuständig.**
She is responsible for planning.

Man hat **etwas läuten hören.**
We heard something on the grapevine.

Im Büro **duzen** wir uns.
In the office we are on first-name terms.

Die Firmenleitung **überwacht** die Mitarbeiter.
Management keeps a check on staff.

Klassengesellschaft

18

Topic questions

1 Nach welchen Kriterien beurteilen wir, welcher sozialen Schicht oder Klasse ein Mensch angehört – Beruf, Aussehen, Sprache, Bildung?

2 Welcher Gesellschaftsschicht würden Sie sich selbst zuordnen?

3 Gibt es bestimmte Kreise in der Gesellschaft, die mehr gesellschaftliche Privilegien genießen oder mehr politischen Einfluß [Einfluss] ausüben als andere?

4 Beschreiben Sie einige soziale Gerechtigkeiten und Ungerechtigkeiten.

5 Welche Berufe genießen in unserer Gesellschaft das höchste Ansehen? Warum?

6 „Kinder aus niedrigen Einkommensgruppen haben Nachteile bei ihrer Schulbildung." Würden Sie dem zustimmen?

7 Snobismus gehört der Vergangenheit an. Heutzutage spielt soziale Herkunft keine Rolle mehr. Ist das Ihrer Meinung nach richtig?

8   In welcher Hinsicht unterscheiden sich die Gesellschaftsstrukturen in anderen Ländern voneinander?

9   Glauben Sie, daß [dass] Personen aus verschiedenen sozialen Schichten ihr Geld für unterschiedliche Zwecke verwenden?

10   Sollte man die Kluft zwischen Viel- und Wenigverdienenden durch eine gerechtere Steuerpolitik zu verringern versuchen?

Keywords

Nouns and noun phrases

die Abstammung	lineage, social origins
der Adel	aristocracy
die Angehörigen einer Klasse	members of a class
der Angestellte/n	white-collar worker
das Ansehen	prestige, respect
der Arbeiter	blue-collar worker
die Armut	poverty
die Armutsgrenze	poverty line
aus der Arbeiterklasse	from the working class
aus der Mittelschicht	from the middle class
aus der Oberschicht	from the upper class
aus der Unterschicht	from the lower class
die Autorität/en	authority
der Beruf/e	job
die Berufsgruppe/n	professional group
der Besitz	property ownership
die Bildungschancen	educational opportunities

die Chancengleichheit	equality of opportunity
die Chancenungleichheit	inequality of opportunity
der Diener	servant
die Einkommensgruppe/n	income group
die Einkommenssteuer/n	income tax
die Elite/n	elite
der Fabrikarbeiter	factory worker
der Facharbeiter	skilled worker
der Faktor/en	factor
die Feindseligkeit	hostility
die Gesellschaft/en	society
die Gesellschaftsschicht/en	social stratum
der Handarbeiter	manual worker
die Herkunft	background
die herrschende Klasse/n	ruling class
die Hierarchie/n	hierarchy
der Hochmut	snobbery
der Job/s	job
der Karrieretyp/en, der Yuppie/s	yuppie
der Klassenkonflikt/e	class conflict
die Kluft	gap
das Konsumverhalten	spending patterns
die Kriterien	criteria
der Lebensstandard/s	standard of living
der Lebensstil/e	lifestyle
die Lebensweise/n	way of life
der Luxus	luxury
der Mangel an + dat.	lack of
das Merkmal/e	characteristic
das Milieu	background
die Mittelschicht	middle class
die untere Mittelschicht	lower middle class
die Nachbarschaft	neighbourhood

der Nachteil/e	disadvantage
das Niveau/s	level
die oberen Zehntausend (coll.)	'upper crust'
die Oberschicht/en	upper class
der Reichtum	wealth
die Schickeria (coll.)	jet-set
die Schranke/n	barrier
die Schulbildung	school education
der Snobismus	snobbery
die soziale Schicht	social stratum
die Sozialisation	socialization
die Sozialpolitik	social policy
der Sozialstaat/en	welfare state
der Status	status
die Steuerklasse/n	tax group
der Trend hin zu + dat.	trend towards
der Vielverdienende/n	high earner
der Vorteil/e	advantage
der Wenigverdienende/n	low earner
die Wohlstandsgesellschaft/en	affluent society
das Wohngebiet/e	housing area

Adjectives and adjectival phrases	
die affektierte Sprechweise	affected way of speaking
angesehen	prestigious
der angesehene Beruf/e	respected profession
die ärmlichen Verhältnisse	deprived background
benachteiligt	disadvantaged
beruflich	professional
egalitär	egalitarian
eingebildet	snobbish
elitär	elitist

die ethnischen Gruppe/n	ethnic group
finanziell bessergestellt	better-off
finanziell schlechtergestellt	less well-off
geschmacklos	vulgar
hoch	high
klassendominiert	class-ridden
klassenlos	classless
kultiviert	refined
ländlich	rural
niedrig	low
die privilegierte Position/en	privileged position
protzig (coll.)	ostentatious, showy
reich	wealthy
selbständig [selbstständig]	self-employed
sozial aufsteigend	upwardly mobile
sozial höhergestellt	socially superior
städtisch	urban
traditionell	traditional
überlegen	superior
unterprivilegiert	underprivileged
voreingenommen	prejudiced
wohlhabend	affluent

Verbs and verb phrases

ab.nehmen (nahm, genommen)	decrease
ab.stammen von + dat.	descend from
achten, respektieren	respect
auf jemanden herab.sehen (sah, gesehen)	look down on someone
aus einem . . . Milieu kommen (kam, gekommen)	come from a . . . background
aus.wählen	select

besitzen (besaß, besessen)	own
diskriminieren	discriminate against
dominieren	dominate
eine Möglichkeit haben zu	have an opportunity to . . .
einen Vorteil genießen	(genoß [genoss], genossen) be at an advantage
entbehren	do without
erziehen (erzog, erzogen)	bring up, educate
Geld aus.geben für (gab, gegeben) + acc.	spend money on
gute Manieren haben	have good manners
sich identifizieren mit + dat.	identify
kategorisieren	categorize
klassifizieren	classify
Nachteile haben	be at a disadvantage
Nutzen ziehen aus (zog, gezogen) + dat.	benefit from
Privilegien genießen (genoß [genoss], genossen)	enjoy privileges
sich benehmen (benahm, benommen)	behave
sozial auf.steigen (stieg, gestiegen)	climb socially
sozial verkehren mit + dat.	mix socially with
Steuer zahlen	pay tax
überwinden (überwand, überwunden)	overcome
unterscheiden (unterschied, unterschieden)	distinguish
urteilen	judge
vermehren	increase
Vermögen erben	inherit wealth
verzichten auf + acc.	forgo
zählen zu + dat.	count among, be a member of

Illustrative sentences

Es gibt einen **Trend hin zu** mehr Ungleichheit.
There is a trend towards more inequality.

Minderheiten werden **diskriminiert.**
Minorities are discriminated against.

Viele Familien müssen einiges **entbehren**.
Many families have to do without quite a lot.

Kriminalität

19

1   Die Kriminalitätsrate steigt immer weiter an. Wo liegen die Ursachen?

2   „Die Behandlung von Straftätern ist zu milde geworden." Würden Sie dem zustimmen?

3   Wie könnte man am effektivsten mit jugendlichen Straftätern umgehen?

4   Die meisten Straftaten werden von einer relativ kleinen Bevölkerungsgruppe verübt – von jungen Männern zwischen 16 und 35. Woran liegt das?

5   Welche Argumente gibt es für und gegen die Todesstrafe?

6   Wird Wirtschaftskriminalität weniger ernst genommen als 'übliche' Kriminalität?

7   A: „Kriminelles Verhalten ist meistens die Folge von sozialen Problemen."
     B: „Charakterliche Schwäche und Veranlagung verursachen kriminelles Verhalten."
     Was meinen Sie?

8 Man sagt, daß [dass] die Polizei meistens „kleine Fische" fängt und die „großen" ziehen läßt. Ist das wirklich wahr?

9 Warum sind einige Städte gefährlich und haben eine hohe Verbrechensrate, während andere weit weniger von Kriminalität betroffen sind?

10 Führen typische Zeitgeisterscheinungen wie Egoismus oder Materialismus zu mehr Verbrechen?

Keywords

Nouns and noun phrases

die Abschreckung	deterrent
der Anwalt/ ̈e	lawyer, solicitor
auf Bewährung	on probation
der Augenzeuge/n	eyewitness
die Bande/n	gang
der Bandenchef/s	gang leader
die Behandlung/en	treatment
der Betrug	fraud
der Beweis/e	evidence
der Dieb/e	thief
das Diebesgut	stolen property
der Diebstahl/ ̈e	theft
die Drogen	drugs
der Drogensüchtige/n	drug addict
der Einbrecher	burglar
der Einbruch/ ̈e	break-in
der Erstlingstäter	first-time offender
die Erziehung	upbringing, education

die Fälschung	forgery
der Gauner	crook
das Gefängnis/se	prison
die Geldwäsche (coll.)	money-laundering
die Gerechtigkeit	justice
der Geschworene/n	jury
das Gesetz/e	law
das Gewaltverbrechen	violent crime
die Haftbedingungen	prison conditions
die Haftstrafe	imprisonment, prison sentence
hinter Gittern (coll.)	behind bars
die Jugendkriminalität	under-age crime
der jugendliche Straftäter	juvenile offender
die Jugendstrafvollzugsanstalt	detention centre
die Kindesmißhandlung [Kindesmisshandlung]	child abuse
die kleinen Fische (coll.)	small fry
die Korruption	corruption
die Kriminalität	crime, criminality
die Kriminalitätsrate	crime rate
der Kriminelle/n	criminal
der Kriminologe/n	criminologist
der Ladendiebstahl	shoplifting
die laxe Moral	moral laxity
die lebenslängliche Haftstrafe	life imprisonment
mit hoher Verbrechensrate	crime-ridden
die Moral	morality
der Mord/e	murder
der Mörder	murderer
der offene Strafvollzug	open prison
das Opfer	victim
die Politik	policy

die polizeiliche Untersuchung/en	police investigation
die Prostitution	prostitution
der Raubüberfall/ ̈e	mugging
der Rauschgifthandel	drug-dealing
die Razzia	police raid
der Richter	judge
das Rowdytum	hooliganism
die Schuld	guilt
die Strafe/n	punishment
der Straftäter	criminal, offender
die Straftat/en	crime
die Spur/en	clue
der Staatsanwalt/ ̈e	public prosecutor
die Steuerhinterziehung	tax evasion
die Strafgesetzgebung	penal system
die Todesstrafe	capital punishment, death penalty
die Umgebung	milieu
die Unterschlagung	embezzlement
die Unterwelt	underworld
das Urteil/e	verdict
der Vandalismus	vandalism
die Veranlagung	predisposition, nature
das Verbrechen	crime
die Verbrechensaufklärung	crime detection
die Verbrechensbekämpfung	combating crim, the fight against crime
die Verbrechensrate	incidence of crime
die Verbrechensstatistik	crime statistics
der Verbrecher	criminal
der Verdächtigte/n	suspect
die Vererbung	heredity
das Verhalten	behaviour

die Vorbeugung von Verbrechen	crime prevention
die Wiedereingliederung	rehabilitation
die Wirtschaftskriminalität	white-collar crime
die Zelle/n	cell
der Zeuge/n	witness

Adjectives and adjectival phrases

der bewaffnete Überfall/-̈e	armed robbery
bösartig	vicious
die charakterliche Schwäche/n	weakness of character
effektiv	effective
ehrlich	honest
ernst	serious
freizügig	permissive
die gefährliche Gegend/en	violent neighbourhood
gerecht	just
gesetzestreu	law abiding
gewalttätig	violent
das harte Urteil/e	heavy sentence
illegal	illegal
korrupt	corrupt
kriminell	criminal
die laxe Moral	moral laxity
legal	legal
liberal	liberal
das milde Urteil	lenient sentence
das organisierte Verbrechen	organized crime
rückfällig	recidivist
schuldig	guilty
schwer	severe

streng	strict
überführt	convicted
unehrlich	dishonest
ungerecht	unjust
unschuldig	innocent
unterprivilegiert	underprivileged
verantwortlich für + acc.	responsible for
verdächtig	suspicious
vorbestraft	with a record
wegen **+ gen.** *angeklagt*	accused of
wegen + gen. überführt	convicted of

Verbs and verb phrases

an.greifen (griff, gegriffen)	attack
Anklage erheben (erhob, erhoben) gegen + acc.	prosecute
an.steigen (stieg, gestiegen)	increase
Ärger bekommen (bekam, bekommen) mit + dat.	get into trouble with
behandeln	treat
bestrafen	punish
beweisen (bewies, bewiesen)	prove
das Gesetz brechen (brach, gebrochen)	break the law
die Schuld geben (gab, gegeben) an + dat.	blame for
ein Verbrechen begehen (beging, begangen)	commit a crime
ein.brechen (brach, gebrochen)	break into
eine Aussage machen	give evidence
eine Geldbuße bezahlen	pay a fine
eine Geldstrafe verhängen	impose a fine

einen Mord begehen (beging, begangen)	commit a murder
ein.sperren	lock up
entlassen (entließ, entlassen)	release
frei.sprechen (sprach, gesprochen)	clear
hin.richten	execute
inhaftieren	imprison
jemanden abschrecken von + dat.	deter someone from
jemanden einer Sache beschuldigen	accuse someone of something
jemanden einer Sache verdächtigen	suspect someone of something
jemanden eines Verbrechens überführen	convict someone of a crime
jemanden wegen + gen. *anklagen*	accuse someone of
Kriminalität bekämpfen	combat crime
lebenslänglich bekommen (coll.) (bekam, bekommen)	get a life sentence
mit Drogen handeln	deal in drugs
nicht dulden	not tolerate
schmuggeln	smuggle
schuld sein an + dat.	be to blame for
schuldig sprechen (sprach, gesprochen)	find guilty
stehlen (stahl, gestohlen)	steal
Totschlag begehen (beging, begangen)	commit manslaughter
überfallen (überfiel, überfallen)	assault
untersuchen	investigate
vergewaltigen	rape
verhaften	arrest
verhindern	prevent

verkürzen	reduce
verursachen	cause
verurteilen zu + dat.	sentence to
wiedereingliedern	resocialize
zu.nehmen (nahm, genommen)	increase

Illustrative sentences

Die Verbrecher landen. **hinter Gittern.**
The criminals end up behind bars.

Die Todesstrafe wurde abgeschafft.
Capital punishment was abolished.

Er wird **zu einer lebenslänglichen Haftstrafe verurteilt.**
He is given a life sentence.

Der Beschuldigte wird **auf Bewährung** freigelassen.
The accused is released on probation.

Er wird beim **Ladendiebstahl** erwischt.
He is caught shoplifting.

Es wird nur ein **mildes Urteil** verhängt.
Only a lenient sentence is imposed.

Er wird eines Raubüberfalls **beschuldigt**.
He is accused of carrying out a mugging.

Er wird des Einbruchs **überführt**.
He is convicted of the break-in.

Er wurde **wegen** Rauschgifthandels **angeklagt**.
He was accused of drug dealing.

Manager

20

1. Glauben Sie, daß [dass] die Arbeit in der Geschäftsführung einer Firma glücklich und zufrieden macht?

2. Welche Qualifikationen sind für Ihren eigenen Job am wichtigsten: Organisationstalent, technisches Fachwissen oder die Fähigkeit, mit Menschen umzugehen?

3. Wo liegen die Vor- und Nachteile, ein eigenes Geschäft zu leiten bzw. Mitarbeiter einer großen Firma zu sein?

4. Wie würden Sie die wirtschaftlichen Perspektiven des Industrie- oder Geschäftszweigs beschreiben, in dem Sie selbst arbeiten?

5. Haben neue Technologien in den letzten Jahren wesentliche Änderungen bei der betrieblichen Führung Ihres Unternehmens verursacht?

6. Altersweisheit oder Jugendfrische, Erfahrung oder Innovationskraft – wie wichtig sind diese Qualitäten bei Führung eines Betriebes?

7 | Mit welchen Herausforderungen oder Schwierigkeiten
werden Frauen in leitenden Positionen konfrontiert?

8 | Wie weit können Arbeiter und Angestellte an den
Entscheidungen der Geschäftsführung mitwirken?

9 | Welche Organisationsprinzipien sollten bei der Leitung
einer Firma, einer größeren Abteilung oder eines Büros
beachtet werden?

10 | Welche sind die Hauptunterschiede bei der Arbeit in
einem Großunternehmen und einem neuen, innovativen
Kleinunternehmen?

Keywords

Nouns and noun phrases

die Abteilung/en	department
der Abteilungsleiter	head of department
die Altersweisheit	experience, wisdom of age
der Aktionär/e	shareholder
die Änderung/en	change
der Arbeitnehmer	employee
die Arbeitsbedingungen	working conditions
auf der Tagesordnung	on the agenda
die Ausrüstung, die Ausstattung	equipment
die Aussichten	economic outlook, prospects
die Belegschaft	staff
die Besprechung/en	meeting
der Betriebsrat/ ̈e	works council
der Bürokratismus	red tape, bureaucracy
die Ebene/n	level

das Einkommen	salary
die Fabrik/en	plant
das Fachwissen	specialized knowledge
die Fähigkeit/en	ability
die Fertigungsstraße/n	production line
die Filiale/n	branch
das Fließband/⸚er	assembly line
die Führung	leadership
das Geschäft/e	business
der Geschäftsführer	managing director
die Geschäftsführung	management
die Geschäftsleitung	senior management
die Gewerkschaft/en	trade union
das Großunternehmen	large company
der Handel	trade, commerce
die Herausforderung/en	challenge
die Hierarchie/n	hierarchy
der High-Tech	high-tech
das Höchste, Maximum	maximum
die Industrie	industry
der Industriezweig/e	branch of industry
die Innovation/en	innovation
die Innovationskraft/⸚e	innovative energy
der Job ohne Aufstiegschancen	dead-end job
das Jobsharing	job-sharing
die Jugendfrische	youthful dynamism
die Karriere/n	career
das Kleinunternehmen	small company
das Komitee/s	committee
die Konferenz/en	conference
der Kunde/n	customer
der leitende Angestelle/n	executive
die Leitung	running, management

der Lieferant/en	supplier
der Manager	manager
das Mindeste	minimum
der/die Mitarbeiter/in	co-worker, member of the staff
die Mitbestimmung	co-determination
der Nachteil/e	disadvantage
das Organisationsprinzip/ien	organizational principle
das Organisationstalent/e	organizing ability
der Papierkram (coll.)	paperwork
das Personal	personnel
die Perspektive/n	perspective, prospect
die Prioritäten	priorities
die Qualifikation/en	qualification
das technische Wissen	technical knowledge
die Tochtergesellschaft/en	subsidiary
der Trouble-Shooter	trouble shooter
die Unfähigkeit	incompetence
der Untergebene/n	subordinate
das Unternehmen	company
die Verkaufszahlen	sales figures
der Vertreter	representative
der Vorstand/ꞋꞋe	board of directors
der Vorteil/e	advantage
die Wirtschaft	industry, economy
der Zeitplan/ꞋꞋe	schedule
das Ziel/e	goal
die Zufriedenheit mit der Arbeit	job satisfaction

Adjectives and adjectival phrases

der ausführliche Bericht/e	detailed report
automatisiert	automated

betrieblich	company
computergestützt	computerized
die durchrationalisierten Arbeitsabläufe	streamlined work procedures
der erfahrene Mitarbeiter	experienced worker
finanziell	financial
flexibel	flexible
geschäftsführend	managerial
kaufmännisch	commercial
das kostenwirksame Verfahren	cost-effective methods
kurzfristig	short-term
langfristig	long-term
leistungsfähig	efficient
logistisch	logistical
mittelfristig	middle-term
ökonomisch	economic
praktikabel	practicable
problematisch	problematic
produktiv	productive
qualifiziert	qualified
rentabel	profitable
schlank	'lean'
sparsam	economical
spezialisiert	specialized
technisch	technical
technologisch	technological
unabhängig von + dat.	independent of
unerfahren	inexperienced
unpraktisch	impractical
unrentabel	unprofitable
verantwortlich für + acc.	responsible for
wesentlich	important

wettbewerbsfähig	competitive
wirkungsvoll	effective
zentralisiert	centralized

Verbs and verb phrases

ab.sagen	cancel
auf Geschäftsreise gehen (ging, gegangen)	go on a business trip
befördert werden	be promoted
delegieren	delegate
die Entscheidungsgewalt weiter.geben (gab, gegeben)	delegate decisions
ein Geschäft ab.schließen (schloß [schloss], geschlossen)	close a deal
ein Geschäft führen	run a business
ein Risiko ein.gehen (ging, gegangen)	take a risk
ein Treffen arrangieren	arrange a meeting
ein Treffen vereinbaren	make an appointment
einen Bericht vor.legen	submit a report
einen Finanzplan auf.stellen	work out a budget plan
einen Vertrag unterzeichnen	sign a contract
ein.stellen	employ
entlassen (entließ, entlassen)	dismiss
Entscheidungen treffen (traf, getroffen)	make decisions
erhöhen, zu.nehmen (nahm, genommen)	increase
ernennen (ernannte, ernannt)	appoint
Geschäfte führen	conduct business
gut funktionieren	function well
her.stellen	produce

integrieren	integrate
investieren	invest
konkurrieren mit + dat.	compete with
koordinieren	coordinate
Kosten senken	cut costs
Kunden bedienen	deal with customers
mit Menschen um.gehen **(ging, gegangen)**	deal with people
leiten	be in charge of
Neuerungen ein.führen	innovate
organisieren	organize
sein eigener Herr sein	be your own boss
sich auf etwas konzentrieren	concentrate on
sich in Konflikt befinden mit **+ dat.**	conflict with
sich vergrößern, erweitern	expand
Verantwortung tragen (trug, getragen) für + acc.	take the responsibility for
vereinfachen	simplify
verhandeln	negotiate
verschieben (verschob, verschoben)	postpone
verursachen	cause
verzögern	delay
zu einer Einigung gelangen	reach an agreement

Illustrative sentences

Es stehen viele Änderungen **auf der Tagesordnung**.
Many changes are on the agenda.

Die wirtschaftlichen **Aussichten** der Branche sind besser
als vor einem Jahr.
The economic outlook for the branch is better than a
year ago.

Man muß [muss] **Prioritäten** setzen.
You have to set priorities.

Die Produktion ist nicht mehr **rentabel**.
Production is no longer profitable.

Die Besprechung wurde **abgesagt**.
The meeting was cancelled.

Er möchte in die Geschäftsleitung **befördert werden**.
He wants to be promoted to senior management.

Ein Kleinunternehmen kann kein **Risiko eingehen**.
A small company cannot take a risk.

Er versteht es, **mit den Menschen umzugehen**.
He knows how to deal with the staff.

Ich ziehe es vor, mein **eigener Herr zu sein**.
I prefer being my own boss.

Er **befindet sich in Konflikt mit** den Aktionären.
He is in conflict with the shareholders.

Moral und Unmoral

21

1 „Unterschiedliche Altersgruppen haben unterschiedliche Moralvorstellungen." Teilen Sie diese Ansicht?

2 Würden Sie sich selbst als toleranter oder weniger liberal als andere Menschen bezeichnen?

3 Haben sich Ihre eigenen Moralvorstellungen in den letzten Jahren geändert?

4 „Wir gehen vor die Hunde! Korruption, Gewaltverbrechen, Promiskuität, Drogenkonsum – und kein Ende ist absehbar!" Wie ist Ihre Meinung dazu?

5 Ist die moralische Autorität der Schule, der Kirche, der Polizei, des Staats und unserer Eltern in den letzten Jahren schwächer geworden?

6 Eine Theorie besagt, daß [dass] sich soziale Wertvorstellungen wie ein Pendel zwischen Liberalismus und Konservatismus hin und her bewegen. Stimmen Sie dem zu?

7 Haben andere Länder oder Gesellschaften strengere Moralvorstellungen als wir?

8 Wie eng ist Moral mit dem Einfluß [Einfluss] von
Religion verbunden?

9 A: „Die Gesellschaft hat heutzutage eine gesündere
Einstellung gegenüber Sexualität als früher."
B: „Die heutige Gesellschaft ist sexbesessen."

Was meinen Sie?

10 Wird eine Gesellschaft liberaler, wenn Wohlstand und
Reichtum größer werden?

11 Was halten Sie von dem Grundsatz der „Null-
Toleranz"?

Keywords

Nouns and noun phrases

die Abschaffung	abolition
der Alkohol	alcohol
der Alkoholmißbrauch **[Alkoholmissbrauch]**	alcohol abuse
die Altersgruppe/n	age-group
die Ansichten	views
die Autorität/en	authority
der Drogenkonsum	drug abuse
die Ehe/n	marriage
der Ehebruch	adultery
die Einstellung/en	attitude, view
ein Verbot von + dat.	ban, a ban on
die Erziehung	education, upbringing
es ist ihre Schuld	it's their fault
die Euthanasie, Sterbehilfe	euthanasia

das Familienleben	family life
der Geschlechtsverkehr	sexual intercourse
die Gewalt	violence
das Gewaltverbrechen	violent crime
der Glaube	faith
die Heuchelei	hypocrisy
die Homosexualität	homosexuality
die Institution/en	institution
der Kindesmißbrauch [Kindesmissbrauch]	abuse of children
der Konsens	consensus
der Konservatismus	conservatism
die Korruption	corruption
die Kriminalität, das Verbrechen	crime
die Kriterien	criteria
die Liberalisierung	liberalization
der Liberalismus	liberalism
die Meinung/en	opinion
die Minderheit/en	minority
die Moral	morality
der moralische Verfall	decline in moral standards
der Moralkodex	code of morals
die Moralvorstellung/en	moral code
die Null-Toleranz	zero-tolerance
die öffentliche Meinung	public opinion
das Pendel	pendulum
die Prinzipien	principles
die Promiskuität	promiscuity
der Reichtum	wealth
die Religion	religion
die Scheidung/en	divorce
die Schwangerschaftsverhütung	contraception
die Sexualität	sexuality

die sexuelle Befreiung	sexual liberation
die Sparsamkeit	thrift
das Tabu/s	taboo
die Todesstrafe/n	death penalty
die Toleranz	tolerance
die Trunkenheit	drunkenness
die Unmoral	immorality
das Verantwortungsbewußtsein [Verantwortungsbewusstsein]	sense of responsibility
das Verbot von + dat.	ban on
der Verhaltenskodex	code of behaviour
die Weltanschauung	outlook
die Wertvorstellung/en	value
der Wohlstand	affluence
die Zensur/en	censorship

Adjectives and adjectival phrases

absolut	absolute
akzeptiert	accepted
die alleinerziehenden Eltern	single parents
die antiautoritäre Erziehung	anti-authoritarian education
aufgeschlossen	open-minded
die aufgeschlossene Haltung	enlightened attitude
autoritär	authoritarian
besessen von + dat.	obsessed with
ehrlich	honest
emanzipiert	liberated
ernsthaft	serious
ethisch	ethical
extrem	extreme
gehorsam	obedient

die gesunde Einstellung/en	healthy attitude
das gewalttätige Verhalten	violent behaviour
harmlos	harmless
hedonistisch	hedonistic
illegal	illegal
inakzeptabel	unacceptable
intolerant	intolerant
konservativ	conservative
korrupt	corrupt
lax	lax
legal	legal
materialistisch	materialist
minderjähring	below legal age
monogam	monogamous
moralisch	moral
öffentlich	public
die permissive, liberale Einstellung	permissive attitude
pervers	perverted
politisch	political
polygam	polygamous
die pornographische Literatur	pornographic literature
privat	private
promiskuös	promiscuous
puritanisch	puritanical
die radikalen Ansichten	radical views
die reaktionären Ansichten	reactionary views
die rebellische Jugend	rebellious youth
reif	mature
relativ, vergleichsweise	relative
der religiöse Glaube	religious faith
die repressive Erziehung	repressive upbringing

schädlich	harmful
schockierend, empörend	shocking
schwul	gay
sozial	social
streng	strict
sündig	sinful
tolerant	broad-minded, tolerant
treu	faithful
unaufrichtig, unehrlich	dishonest
ungehorsam	disobedient
unmoralisch	immoral
unreif	immature
untreu	unfaithful
verantwortlich	responsible
verantwortungslos	irresponsible
verbunden mit + dat.	linked to
verschwenderisch	wasteful
der voreheliche Geschlechtsverkehr	pre-marital sex
weitverbreitet	widespread
zunehmend	on the increase

Verbs and verb phrases

ab.schaffen	abolish
abstoßend finden (fand, gefunden)	be offended by
ab.treiben (trieb, getrieben)	have an abortion
an.fechten (focht, gefochten) heraus.fordern	challenge
aufgeklärt sein	know the facts of life
aus.beuten	exploit
beeinflussen	affect, influence

beraten (beriet, berieten)	give guidance
beschützen	protect
betrügen (betrog, betrogen)	be unfaithful to
neigen zu + dat.	tend to
ein Verbrechen begehen (beging, begangen)	commit a crime
ein Verhältnis haben mit + dat.	have an affair with
erziehen (erzog, erzogen)	bring up
in Sünde leben	live in sin
jemandem die Schuld geben (gab, gegeben)	blame someone for
jemanden abschrecken von + dat.	deter someone from
kritisieren	criticize
lockern, sich entspannen	relax
Maßstäbe setzen	set standards
predigen	preach
schockieren, entrüsten	shock
schuld sein an + dat.	be to blame for
sich amüsieren	have a good time
sich befreien von + dat.	liberate oneself from
sich benehmen (benahm, benommen)	behave
sich betrinken	get drunk
sich scheiden lassen	get divorced
sinken (sank, gesunken), senken	decrease
verurteilen	condemn
vor die Hunde gehen (ging, gegangen) (coll.)	go to the dogs
zu.nehmen (nahm, genommen), erhöhen	increase

Illustrative sentences

Er begeht **Ehebruch**.
He commits adultery.

Ein **moralischer Verfall** der Gesellschaft wird beklagt.
People condemn a decline in the moral standards of
society.

Ein **Tabu** wird gebrochen.
A taboo is broken.

Die Gesellschaft ist gegenüber Minderheiten
aufgeschlossen.
Society is open-minded towards minorities.

Wir sind **von** materiellen Werten **besessen**.
We are obsessed with material values.

Egoismus macht sich **zunehmend** breit.
Egotism is on the increase.

Viele Kinder **sind** bereits **aufgeklärt**.
Many children already know the facts of life.

Unsere Umwelt

22

1. Warum produziert unsere Gesellschaft so viel Abfall?

2. Wo liegen die Hauptursachen für die Luft-, Wasser- und Bodenverschmutzung?

3. In den letzten Jahren ist unser Umweltbewußtsein [-bewusstsein] stärker geworden. Wo liegen die Gründe dafür?

4. Welche Maßnahmen sollten von der Wirtschaft ergriffen werden, um industrielle Umweltverschmutzung zu verhindern?

5. Wer trägt die meiste Verantwortung für Umweltprobleme – die Regierung, die Wirtschaft oder die Privathaushalte?

6. Auch Lärm ist eine große Belastung für die Umwelt. Wie könnte man diese reduzieren?

7. Wie kann die Ausbildung an Schulen praktisch dazu beitragen, das Umweltbewußtsein [Umweltbewusstsein] junger Menschen zu fördern?

8   Ist die moderne Landwirtschaft zu sehr abhängig von Chemikalien wie Dünger, Pflanzenschutzmitteln oder Schädlingsvernichtungsmitteln?

9   Wie kann der einzelne im täglichen Leben mithelfen, die Umwelt zu schützen?

10   Ozonloch, Waldsterben, Treibhauseffekt, Kernschmelze, Bodenerosion – kann ein globales Unglück überhaupt noch verhindert werden?

Keywords

Nouns and noun phrases

der Abfall/ ̈e	garbage, refuse
der Abfallberg/e	waste tip
die Abfallbeseitigung	waste disposal
die Abfalltrennung	separation of refuse
die Abgase	off-gases
die Abholzung	deforestation
die Abwässer	sewage
die Aktion/en	campaign
der Altglascontainer	bottle bank
die Anbaumethoden	farming techniques
die Atmosphäre	atmosphere
der Atommüll	radioactive waste
auf dem Land	in the countryside
aus Kunststoff	plastic
der Ausfluß [Ausfluss]	discharge
der Auspuff	exhaust
der Ausstoß	output
die Autoabgase	exhaust fumes

die Belastung	harmful effect
die Biomasse	biomass
die Biosphäre	biosphere
das Blei	lead
das bleifreie Benzin	unleaded petrol
der Boden, die Erde	soil
die Bodenerosion	soil erosion
das Brennholz	firewood
das Bruttosozialprodukt	gross national product
die Bürgerinitiative/n	local activists
die Chemikalien	chemicals
die chemische Industrie	chemical industry
die chemischen Stoffe	chemical substances
die chemische Verbindung	chemical compound
der Dünger	fertilizer
die Ernte/n	crops
die Erwärmung	warming
der Fabrikschornstein/e	chimney stack
das FCKW/s (Fluorchlorkohlenwasserstoff)	CFCs
die fossilen Brennstoffe	fossil fuels
der Geräuschpegel	noise level
die Gesetzgebung	legislation
die Gewässer	waters
das Gleichgewicht	balance
das Grundwasser	groundwater
die Hauptursache/n	main cause
der Haushaltsmüll	domestic waste
der Industrieabfall/¨e	industrial waste
das Industriewachstum	industrial growth
die Katastrophe/n	disaster
das Kernkraftwerk/e	nuclear power station
die Kernschmelze	nuclear meltdown

die Kläranlage/n	sewage works
das Klima	climate
das Kohlenmonoxid	carbon monoxide
die Kohlensäure	carbon dioxide
der Krach	noise, row
die Landschaft/en	landscape
die Landwirtschaft	agriculture, farming
der Lärm	noise
der Lärmschutz	noise abatement
die Luftverschmutzung	air pollution
die Mentalität/en	mentality
die Müllreduzierung	waste reduction
die Nahrungskette	food chain
die natürliche Umgebung, der Lebensraum/ ̈e	habitat
das Niveau/s, der Grad/e	level
das Nullwachstum	zero growth
der Ökologe/n	ecologist
die Ökologie	ecology
das Ozonloch	ozone hole
die Ozonschicht/en	ozone layer
die Pestizide	pesticide
das Pflanzenvernichtungs-mittel	herbicide
der Planet/en	planet
die polaren Eiskappen	polar ice-caps
die Privathaushalte	private households
das Recycling	recycling
die Regenwälder	rain forests
die Regierung	government
die Reserven	reserves
die Ressourcen	resources

die Ressourcenknappheit	depletion of resources
das Risiko/Risiken	hazard
der Sauerstoff	oxygen
der saure Regen	acid rain
das Schädlingsvernichtungsmittel	pesticide
der Schadstoff/e	harmful substance
die Schadstoffkontrolle/n	pollution control
der Schmutz	dirt
der Schornstein/e	chimney
das Schwefeldioxid	sulphur dioxide
die Sofortmaßnahmen	immediate measures
die Spraydose/n	aerosol spray
der Stickstoff	nitrogen
der Treibhauseffekt	greenhouse effect
die Umwelt	environment
das Umweltbewußtsein [Umweltbewusstsein]	environmental awareness
die Umweltgefahr/en	environmental hazard
der Umweltschützer	environmentalist
das Unglück	catastrophe, disaster
die Verantwortung	responsibility
der Verkehr	traffic
der Verkehrslärm	traffic noise
die Verpackung/en	packaging
die Verringerung	reduction
die Verschmutzung	pollution
die Verschwendung	waste
die Wälder	forest
das Waldsterben	dying of forests
die Wasserversorgung	water supply
die Wegwerfgesellschaft	throw-away society
der Wissenschaftler	scientist

Adjectives and adjectival phrases	
abhängig von + dat.	dependent upon
die angemessene Technologie/n	appropriate technology
die biologisch abbaubaren Produkte	biodegradable products
der biologische Anbau	organic farming
die erneuerbare Energie/n	renewable energy
giftig	poisonous, toxic
global	global
industriell	industrial
kurzfristig	short term
die ländlichen Gegenden	rural areas
landwirtschaftlich	agricultural
die langfristigen Lösungen	long-term solutions
laut	noisy
nachhaltig	sustainable
natürlich	natural
ökologisch	ecological
der ökologische Anbau	organic farming
das organische Material/ien	organic material
die rationelle Produktion/en	efficient production
die saubere Luft	clean air
sofort	immediate
städtisch	urban
umweltfreundlich	environmentally friendly
das umweltschädliche Produkt/e	hazardous product
unschädlich	harmless
verschwenderisch	wasteful
das wirtschaftliche Wachstum	economic growth

Verbs and verb phrases

ab.lagern	dump
ab.leiten	discharge
atmen	breathe
aus.beuten	exploit
aus.breiten	expand
aus.sterben (starb, gestorben)	die out
aus.trocknen	dry out
bedrohen	threaten
beeinflussen	affect, have an influence on
begrenzen	limit
belasten	have a harmful effect on
beschädigen	damage
beseitigen	dispose of
brennen (brannte, gebrannt)	burn
das Gleichgewicht wieder. her.stellen	restore the balance
den Lärmpegel senken	reduce noise levels
die Umwelt schützen	protect the environment
ein Aktionsprogramm durch.führen	carry out a campaign
ein.schränken	restrict
Felder spritzen	spray crops
filtern	filter
gefährden	endanger
Gesetze erlassen (erließ, erlassen)	pass legislation
in die Luft ab.geben (gab, gegeben)	release into the air
investieren	invest
konservieren	conserve

konsumieren	consume
Maßnahmen ergreifen (ergriff, ergriffen)	take measures
maximieren	maximize
recyclen	recycle
schuld sein an + dat.	be to blame for something
schützen	protect
senken	decrease
sich bessern	get better
sich verschlechtern	get worse
stärker nutzen	make more use of
steigern, zu.nehmen (nahm, genommen)	increase
überwachen, kontrollieren	monitor
vergiften	poison
verhindern	prevent
verschmutzen	pollute
verschwenden	waste
verseuchen	contaminate
verunreinigen	spoil
weg.werfen (warf, geworfen)	throw away
wieder.verwenden	recycle

Illustrative sentences

Das **Bruttosozialprodukt** wächst jedes Jahr.
The gross national product grows every year.

Der Staat kann **Sofortmaßnahmen** ergreifen.
The government can take immediate measures.

Das **Umweltbewußtsein** [Umweltbewusstsein] wächst in
    der Gesellschaft.
Environmental awareness in society is growing.

Unser Umgang mit Rohstoffen ist **verschwenderisch**.
We use raw materials wastefully.

Wer **ist schuld an** der Umweltverschmutzung?
Who is to blame for environmental pollution?

Die Umweltbehörde **überwacht** die Abgase.
The environmental authority monitors the gas emissions.

Part III

Political topics

Die Dritte Welt

23

1   Was sind die Hauptursachen für Armut in der Dritten Welt?

2   Was sind im einzelnen die wirtschaftlichen, kulturellen und sozialen Probleme der Länder in
- Afrika
- Lateinamerika
- Asien?

3   Überbevölkerung, Bildungsmangel, Auslandsverschuldung, wirtschaftlicher Rückstand – sind dies die *Ursachen* für Armut in der Dritten Welt oder eher deren *Resultat*?

4   Können unsere Spenden an Hilfsorganisationen die Probleme der Dritten Welt lösen?

5   Sind die Dritte Welt und die Industrieländer Wirtschaftspartner, oder sind ihre Interessen gegensätzlich?

6   Glauben Sie, daß [dass] die momentane Entwicklungshilfe von Industrieländern an Länder der Dritten Welt ausreichend ist?

7 A: „Die Industrieländer nehmen der Dritten Welt mehr
weg, als sie ihr geben."
B: „Ohne wirtschaftliche Unterstützung und Technik
der Industrieländer hätten die Länder der Dritten
Welt noch mehr Probleme."

Welche der beiden Aussagen liegt näher an der
Wahrheit?

8 Welche Maßnahmen können ergriffen werden, um die
Bevölkerungsexplosion zu stoppen?

9 „Die Länder der Dritten Welt werden in Zukunft mit
den Industrienationen konkurrieren, da sie leichten
Zugang zu Rohstoffen haben sowie billige Arbeitskräfte
besitzen." Was meinen Sie?

10 Sind wir überhaupt bereit, Opfer zu bringen, um den
ärmsten Ländern zu helfen?

Keywords

Nouns and noun phrases

die Abholzung	deforestation
der Analphabet/en	illiterate person
die Alphabetisierungskampagne/n	literacy campaign
der Analphabetismus	illiteracy
die Arbeitskräfte	labour
die Armut	poverty
das Asyl/e	asylum
der Asylant/en	asylum-seeker
das Asylantenheim/e	asylum-seekers' hostel
die Ausländerfeindlichkeit	xenophobia
die ausländischen Banken	foreign banks

die Auslandsverschuldung	foreign debts
die Aussage/n	statement
der Bauer/n	peasant
die Bevölkerungsexplosion	population explosion
das Bewässerungsprojekt/e	irrigation scheme
die Bodenerosion	soil erosion
die Bodenschätze	mineral resources
das Bruttosozialprodukt	gross national product
die Diktatur/en	dictatorship
das Düngemittel	fertilizer
die Dürre/n	drought
die Einwanderung	immigration
die Empfängnisverhütung	contraception
die Entwicklungshilfe/n	development aid
die Ernährung	diet
die Ernte	crops
der Flüchtling/e	refugee
die Geburtenkontrolle	birth control
die Geburtenrate	birth rate
der Großgrundbesitzer	landowner
die Hauptursache/n	main cause
die Hilfsorganisation/en	aid organization
die Hungerhilfe	famine relief
die Hungersnot/ ̈e	famine
die Industrialisierung	industrialization
die Infrastruktur	infrastructure
die Kanalisation	sanitation
das Know-how	know-how
die Kolonialgeschichte	colonial history
der Kolonialismus	colonialism
die Kooperativen	cooperatives
die Landflucht	flight from the land
die Lebenserwartung	life expectancy

die Lebensmittelknappheit	food shortage
der Mangel an + dat.	lack of
die Maßnahme/n	measure
die Monokultur/en	monoculture
der Nord–Süd-Konflikt	North–South conflict
die Oligarchie/n	oligarchy
das Pro-Kopf-Einkommen	per capita income
die Rohstoffe	raw materials
der Rohstoffreichtum, die Bodenschätze	mineral wealth
die Säuglingssterblichkeit	infant mortality
die Schwellenländer	threshold countries
die Selbstbestimmung	self-determination
die Spende	donation
Stammes-	tribal
der Staudamm/ ̈e	dam
die Subsistenzwirtschaft	subsistence farming
die Technik	technology
die Überbevölkerung	overpopulation
die Überschwemmung	flood
die Unterdrückung	oppression
die Unterentwicklung	underdevelopment
die Unterernährung	malnutrition
die Unterstützung	support
die Unwissenheit	ignorance
das Wachstum	growth
die Wellblechsiedlung/en	shanty town
die Wirtschaftshilfe	economic assistance
der Wirtschaftspartner	economic partner
der Wohlstand	affluence
die Wohltätigkeit	charity
die Wohltätigkeitsorganisation/en	charity organization
der Zugang	access

Adjectives and adjectival phrases

abhängig von + dat.	dependent on
die arbeitsintensive Produktion/en	labour-intensive production
ausreichend	adequate
autark, wirtschaftlich unabhängig	self-sufficient
autonom	autonomous
die billigen Arbeitskräfte	cheap labour
der fruchtbare Boden	fertile soil
hauptsächlich	main
hygienisch	hygienic
industrialisiert	industrialized
jährlich	annual
die kapitalintensive Produktion/en	capital-intensive production
korrupt	corrupt
kulturell	cultural
die ländlichen Gebiete	rural areas
die landwirtschaftlichen Produkte	agricultural products
die langfristigen Lösungen	long-term solutions
lebenswichtig	vital
revolutionär	revolutionary
rückständig	backward
sozial	social
sozioökonomisch	socio-economic
überbevölkert	overpopulated
überfüllt	overcrowded
unabhängig von + dat.	independent of
unhygienisch	unhygienic
unterdrückt	oppressed
unterentwickelt	underdeveloped

unterernährt	undernourished
unzureichend	inadequate
westlich	western

Verbs and verb phrases

ab.nehmen (nahm, genommen), verringern	decrease
ändern	alter
Asyl beantragen	apply for asylum
Asyl gewähren	grant asylum
aus.beuten	exploit
aus.bilden	train
aus.wandern	emigrate
aus.weiten	expand
bewässern	irrigate
borgen	borrow, lend
ernten	harvest
fehlen an + dat.	be short of
fördern	promote
Getreide an.bauen	cultivate crops
industrialisieren	industrialize
Krankheit aus.merzen	eradicate disease
Land besitzen (besaß, besessen)	own land
Lebensmittel exportieren	export produce
leiden an/unter + dat.	suffer from
Maßnahmen ergreifen (ergriff, ergriffen)	take measures
Opfer bringen (brachte, gebracht)	make sacrifices
Schritte unternehmen (unternahm, unternommen)	take steps
sich einer Sache (dat.) *an.passen*	adapt

um.wandeln	transform
unterstützen	assist
verhungern	starve
das Vorhaben finanzieren	finance the project
vorher.sagen	predict
zu.nehmen (nahm, genommen)	increase

Illustrative sentences

Die **Abholzung** der Tropenwälder bringt einen
wirtschaftlichen Gewinn.
The deforestation of the tropical forests yields economic
profit.

Die Bevölkerung gibt **Spenden**.
The people give donations.

Der Staat gibt den Ländern der Dritten Welt
Wirtschaftshilfe.
The state gives economic assistance to Third World
countries.

Die Gesellschaft ist sozial **rückständig**.
The society is backward.

Es **fehlt an** natürlichen Ressourcen.
They are short of natural resources.

Man muß [muss] **Schritte unternehmen**, um die
Säuglingssterblichkeit auszumerzen.
Steps must be taken to eradicate infant mortality.

Sie **passen sich** dem Weltmarkt **an**.
They adapt to the world market.

Die öffentliche Meinung

24

1 Welche der folgenden Faktoren beeinflussen Ihre Ansichten und Meinungen zu bestimmten Themen am meisten:
- Schulbildung
- Erziehung in der Familie und Einfluß [Einfluss] der Eltern
- Fernsehen
- Zeitungs- und Buchlektüre
- soziale, politische oder religiöse Gruppen
- Freunde oder Kollegen?

2 Ändert sich die öffentliche Meinung schnell oder nur langsam?

3 „Wir werden ständig von den Massenmedien – Zeitungen, Fernsehen, Politiker, Werbekampagnen usw. – manipuliert." Stimmen Sie hier zu?

4 Sollte sich immer die Meinung der Mehrheit durchsetzen?

5 A: „Die Wahl einer bestimmten Zeitung oder Fernsehsendung wird hauptsächlich von unseren Einstellungen und Meinungen festgelegt."

B: „Unsere Einstellungen und Meinungen werden hauptsächlich von den Zeitungen, die wir lesen, und den Fernsehsendungen, die wir anschauen, geformt."

Was meinen Sie?

6 Ist die Öffentlichkeit besser informiert und kritischer als früher?

7 Man sagt, es gibt 'Meinungsmacher', die weitgehend die Meinungen der Öffentlichkeit oder bestimmter Gruppen formen. Wer steckt dahinter und wie stark ist deren Einfluß [Einfluss]?

8 Viele Gruppen und Organisationen benutzen PR-Techniken, um unsere Meinung zu beeinflussen. Sind diese Methoden legitim?

9 Kommen alle unterschiedlichen Meinungen in der Gesellschaft zum Ausdruck, oder werden einige Ansichten stärker bzw. weniger repräsentiert als andere?

10 Können Marktforschung und Meinungsumfragen genau ermitteln, was der einzelne wirklich denkt?

Keywords

Nouns and noun phrases

die aktuellen Ereignisse	current affairs
die Altersstufe/n	age group
die Ansicht/en	viewpoint
der Artikel	article
die Auflage/n	circulation

die auflagenstarke Zeitung/en	newspaper with a large circulation
die Ausgabe/n	issue
der Bericht/e	report
der Berichterstatter	reporter
die Berichterstattung/en	reporting
der Besitz	ownership
die Boulevardpresse	popular press
der Chefredakteur/e	editor
die Debatte/n	debate
die Diktatur/en	dictatorship
die Einstellung/en	attitude
der Einwand/¨e	objection, argument against
die Enthüllung/en	revelation
die Erklärung/en	statement
die Erziehung	education, upbringing
der Faktor/en	factor
das Fernsehprogramm/e	television programme
das Fernsehpublikum	television audience
der Fernsehzuschauer	television viewer
der Fotograf/en	photographer
die gegenteilige Ansicht/en	opposing view
die Generation/en	generation
die gezielte Indiskretion	'leak'
der Glaube/n	belief
die Grenze/n	limit
die Ideologie/n	ideology
das Image	image
die Information/en	information
der Journalist/en	journalist
die Kampagne/n	campaign
die Klasse/n	class

der Kolumnist/en, der Kommentator/en	columnist
der Kommentar/e	comment, analysis
die Kontroverse/n	controversy
die Kritik/en	criticism
der Leitartikel	editorial, leading article
die Macht	power
die Manipulation/en	manipulation
das Marketing	marketing
die Marktforschung/en	market research
die Massenblätter	tabloids
die Massenmedien	mass media
die Mehrheit/en	majority
die Meinung/en	opinion
der Meinungsführer/-macher	opinion leader, opinion former
die Meinungsumfrage/n	opinion poll
die Meldung/en	news item
die Minderheit/en	minority
die Nachrichten	news
die Nachrichtenagentur/en	news agency
die Nachrichtensendung/en	news bulletin
der Nachrichtensprecher	news reader
die öffentliche Kritik	public criticism
die öffentliche Meinung/en	public opinion
der öffentliche Druck	public pressure
die Öffentlichkeit	public
die Öffentlichkeitsarbeit (PR)	public relations
das Plebiszit/e	plebiscite
das Poster	poster
die PR	PR
der Pressebericht/e	press report
die Pressefreiheit	freedom of the press

die Pressekonferenz/en	press conference
die Pressekonzentration	concentration of the press
der Pressezar/en	press baron
die Propaganda	propaganda
die Radiosendung/en	radio programme
der Redakteur/e	editor
die Redaktion/en	editor's office
das Referendum/Referenden	referendum
der Regierungssprecher	government spokesman
der Rundfunk und das Fernsehen	broadcasting
die Schlagzeile/n	headline
die Schulbildung	schooling
der Schwachsinn	rubbish
die Sensationspresse	gutter press
der Skandal/e	scandal
das soziale Umfeld	social environment
die sozialen Schichten	social strata
der Standpunkt/e	point of view
der Streit	argument
das Thema/en	topic
der Überblick	survey
die Überzeugung/en	conviction
die Unterschriftensammlung/en	petition
das Urteil/e	judgement
die Wahl/en	election
das Wahlverhalten	voting behaviour
die Werbeagentur/en	advertising agency
die Werbekampagne/n	promotion
die Werbung	advertising
die Werte	values
die Zeitschrift/en	magazine
die Zeitungsauflage/n	newspaper circulation

der Zeitungsherausgeber	newspaper proprietor
die Zeitungs- und Buchlektüre	reading books and newspapers
der Zeitungsleser	newspaper reader
die Zeitungsleser	press readership
die Zensur	censorship
die Zielgruppe/n	target group

Adjectives and adjectival phrases

aktuell	of current interest, up to date
ausführlich	detailed
ausgewogen	balanced
beteiligt	involved
demokratisch	democratic
einer Sache bewußt [*bewusst*]	aware of something
extrem	extreme
extremistisch	extremist
gemäßigt	moderate
gesteuert	'slanted'
gut (schlecht) informiert	well (badly) informed
informativ	informative
interessiert an + dat.	interested in
irreführend	misleading
kompliziert	complicated
kontrovers	controversial
kritisch	critical
legitim	legitimate
links	left-wing
manipuliert	manipulated
nationalistisch	nationalistic
neutral	neutral

objektiv	objective
öffentlich	public
offiziell	official
politisch	political
populär	popular
rechts	right-wing
repräsentativ	representative
der sachliche Bericht/e	factual report
die soziale Umwelt	social environment
subjektiv	subjective
überzeugt	convinced
unbewußt [unbewusst]	subconscious
unsachlich	unobjective
voreingenommen	biased
weitverbreitet	widespread

Verbs and verb phrases

ab.lehnen	be opposed to, reject
ab.schaffen	abolish
anderer Meinung sein	disagree with
ändern	alter
Ansichten haben	hold beliefs
Argumente ab.lehnen	reject arguments
argumentieren	argue, follow a line of argument
beeinflussen	influence
befürworten	advocate, be in favour of
behaupten	maintain, assert
bestimmen	determine
betrachten, nach.denken (dachte, gedacht)	consider
dahinter stecken	be behind, the cause of

demonstrieren gegen (für) + acc.	demonstrate against (for)
die Meinung ändern	change your mind
differenzieren	differentiate
ein Interview geben (gab, gegeben)	give an interview
eine Meinung äußern	express an opinion
eine Meinung vertreten (vertrat, vertreten)	represent an opinion
einseitig schildern	report in a one-sided way
ermitteln	find out, ascertain
fest.legen	determine
Fortschritte machen	make progress
glauben	believe
indoktrinieren	indoctrinate
informieren	inform
lügen	lie
manipulieren	manipulate
meinen, daß [dass]	be of the opinion that
neigen zu + dat.	be inclined to
repräsentieren	represent
senden	broadcast
sich eine Meinung bilden	form an opinion
sich entscheiden (entschied, entschieden)	decide
sich entschließen (entschloß[ss], entschlossen)	make up one's mind
sich streiten (stritt, gestritten)	argue, disagree
stimmen für + acc.	vote for
übertreiben (übertrieb, übertrieben)	exaggerate
überzeugen	persuade
unterdrücken	suppress
unterstützen	support

urteilen	judge
verbieten (verbot, verboten)	make illegal
vergleichen (verglich, verglichen)	compare
verteidigen	defend
vertreten (vertrat, vertreten)	represent
verurteilen	condemn
vor.ziehen (zog, gezogen)	prefer
wählen	elect
werben für + acc.	promote
widersprechen (widersprach, widersprochen) + dat.	contradict
zum Ausdruck kommen (kam, gekommen)	be expressed
zurück.treten (trat, getreten)	resign
zu.stimmen	agree with

Illustrative sentences

Die Medien berichten über **aktuelle Ereignisse**.
The media report on current affairs.

Sie sind sich dieser Tatsachen **bewußt** [bewusst].
They are aware of these facts.

Viele Menschen sind gegen Minderheiten
voreingenommen.
Many people are biased against minorities.

Man muß [muss] zwischen den verschiedenen
Bevölkerungsschichten **differenzieren**.
You have to differentiate between the various sections of
the population.

Energie und Kernkraft

25

1 Was sind die wirtschaftlichen, technischen und energiepolitischen Hauptargumente für die Nutzung von Atomkraft?

2 Was sind die größten Risiken und Nachteile bei der Verwendung von Atomenergie?

3 „Wir brauchen keine Atomenergie. Wir sollten lieber aufhören, Energie zu verschwenden." Was meinen Sie?

4 „Die breite Öffentlichkeit besitzt nicht das erforderliche technische Wissen, wenn es um Energiepolitik geht; wichtige Entscheidungen sollten deshalb Wissenschaftlern und Politikern überlassen werden." Würden Sie hier zustimmen?

5 Wie praktisch sind die folgenden alternativen Formen erneuerbarer Energie:
- Solarenergie
- Windenergie
- Gezeitenenergie
- Wasserkraft
- Energie aus Biomasse
- geothermische Energie?

| 6 | Welche Probleme entstehen bei der Verwendung von fossilen Energiequellen wie Öl, Gas oder Kohle? |

| 7 | Tschernobyl, Sellafield, Three Mile Island. Welche Auswirkungen hatten die Unfälle in Kernkraftwerken auf die öffentliche Meinungsbildung? |

| 8 | In den nächsten Jahren wird sich der Energieverbrauch auf der Welt verdoppeln. Welche Folgen sind jetzt schon absehbar? |

| 9 | Kann die Gefahr des „Treibhauseffekts" durch eine neue Energiepolitik beseitigt werden? |

| 10 | Wären wir als Einzelpersonen überhaupt bereit für radikale Energiesparmaßnahmen, wenn sich dadurch unser Lebensstandard ändern würde? |

Keywords

Nouns and noun phrases

die Ablehnung gegen + acc.	opposition to
die Anti-Atomkraftwerk-Bewegung	anti-nuclear movement
die Atomenergie	atomic energy
die Atomkraft	atomic power
die Atomlobby	nuclear lobby
der Atomreaktor/en	nuclear generator
die Beleuchtung	lighting
das Benzin	petrol
das Bergwerk/e	mine
die Betriebskosten	operating costs
die Bioenergie	biomass energy

die Biomasse	biomass
die breite Öffentlichkeit	general public
der Demonstrant/en	demonstrator, protestor
die Einzelperson/en	individual
der Energiebedarf	energy demand
die Energiequelle/n	source of energy
das Energiesparen	energy conservation
die Energiesparmaßnahme	energy conservation measure
das Energieunternehmen	energy company
der Energieverbraucher	energy user
die Entsorgung, die Abfallbeseitigung	waste disposal
das Erdgas	natural gas
das Erdöl	oil
das Gas	gas
der gasgekühlte Reaktor/en	gas-cooled reactor
die Gefahr/en	danger
die geothermische Energie, die Erdwärme	geothermal energy
das Gezeitenkraftwerk/e	tidal power station
das Hauptargument/e	main argument
der Haushalt/e	household
die Haushaltsgeräte	domestic appliances
der Heizkörper	heater
die hydroelektrische Energie	hydroelectric power
im Falle + gen., *von* + dat.	in the event of
Kern-	nuclear
die Kernfusion, die Kernverschmelzung	nuclear fusion
das Kernkraftwerk/e	nuclear power station
die Kernschmelze	meltdown
die Kernspaltung	nuclear fission
die Kettenreaktion/en	chain reaction

der Kochherd/e	cooker
die Kohle	coal
das kohlebefeuerte Kraftwerk/e	coal-fired power station
das Kohlendioxid	carbon dioxide
das Kohlenmonoxid	carbon monoxide
das Kraftwerk	power station
das Kühlmittel	coolant
die Lebensdauer	lifespan
der Lebensstandard/s	living standard
das Leck/s	leak
die Maßnahme/n	measure
das Megawatt	megawatt
die Meinungsbildung	formation of opinion
die Nachfrage, der Bedarf an + dat.	demand for
das Niveau/s	level
die Notfallmaßnahmen	emergency procedures
die Nutzung	use
die ölexportierenden Länder	oil-exporting nations
das Ölfeld/er	oilfield
der Ölproduzent/en	oil producer
der Ölschock	oil shock
die Ölvorräte	oil reserves
das Plutonium	plutonium
die Preiserhöhung/en	price rise
der Protest/e	protest
der Prototyp/en	prototype
die Radioaktivität	radioactivity
das Reaktorschutzgebäude	containment building
das Rohöl	crude oil
der Sauerstoff	oxygen
der Schwerwasserreaktor/en	heavy-water reactor
die Sicherheit	safety, security

die Solarenergie, Sonnenenergie	solar energy
der Stickstoff	nitrogen
die Strahlung/en	radiation
das Strahlungsleck	radiation leak
der Strom	electricity
die Stromerzeugung	electricity generation
die Stromversorgung	electricity supply
der Treibhauseffekt	greenhouse effect
die Turbinen	turbines
Umwelt-	environmental
das Uran	uranium
die Wahl/en, die Option/en, die Alternative/n	option
der Wasserstoff	hydrogen
die Wellenenergie	wave energy
der Widerstand gegen + acc.	opposition to
die Wiederaufbereitungsanlage/n	reprocessing plant
die Windenergie	wind energy
der Windpark/s	wind farm
das Windrad/ ̈er	wind turbine
die zunehmende Nachfrage nach + dat.	increase in demand

Adjectives and adjectival phrases

absolut sicher	absolutely safe
die alternative Energie/n	alternative energy
der angereicherte Kernbrennstoff/e	enriched nuclear fuel
anhaltend	sustainable
die ausgebrannten Brennstoffelemente	spent fuel rods
ausreichend	sufficient
durchführbar	feasible

erforderlich	necessary
erneuerbar	renewable
fossil	fossile
die gefährlichen Nebenwirkungen	hazardous side effects
geothermisch	geothermal
die hohe Temperatur/en, Hochtemperatur/en	high temperature
die kosteneinsparenden Vorrichtungen	energy-saving devices
die kostenintensiven Verfahren	costly procedures
kostspielig	expensive
militärisch	military
das nationale Verbundnetz/e	national grid
nicht-atomar	non-atomic
notwendig	essential
öffentlich	public
radioaktiv	radioactive
die regenerationsfähigen Energiequellen	renewable sources of energy
rentabel	economically viable
risikofrei	risk-free
störungsfrei	trouble-free
strategisch	strategic
technisch	technical, technological
umweltfreundlich	environmentally friendly
unbegrenzt	unlimited
unzureichend	insufficient
unzuverlässig	unreliable
die vermeidbaren Risiken	avoidable risks
verschwenderisch	wasteful
wirtschaftlich	economic
wissenschaftlich	scientific
zuverlässig	reliable

Verbs and verb phrases	

ab.bauen	mine
ab.bauen, abreißen (riß [riss], gerissen)	dismantle
ab.lehnen	be opposed to
aus.lösen	trigger off
außer Kontrolle geraten (geriet, geraten)	get out of control
Bedürfnisse befriedigen	meet needs
befürworten	advocate
bersten (barst, geborsten)	burst
beseitigen	dispose of, remove
brechen (brach, gebrochen)	break
brennen (brannte, gebrannt), verbrennen (verbrannte, verbrannt)	burn
demonstrieren gegen + acc.	demonstrate against
den Verbrauch drosseln	cut down use
eine Kernschmelze aus.lösen	cause a meltdown
einen Prototyp entwickeln	develop a prototype
Energie ein.sparen	conserve energy
Energie verschwenden	waste energy
entstehen (entstand, entstanden)	arise, occur
Gase ab.lassen (ließ, gelassen)	release gases
gefährden	endanger
heizen	heat
isolieren, dämmen	insulate
knapp werden an + dat., etwas wird knapp	run out of something
kontaminieren, verseuchen	contaminate
kontrollieren	check
lagern	store
messen (maß, gemessen)	measure
nach Erdöl bohren	drill for oil

prüfen	check
schließen (schloß [schloss], geschlossen), ab.schalten	shut down
schrumpfen, zur Neige gehen (ging, gegangen)	dwindle
sicher.stellen	ensure
Strahlenwerte überprüfen	monitor radiation
Strom erzeugen	generate electricity
subventionieren	subsidize
überhitzen	overheat
überlassen (überließ, überlassen)	leave up to
vermindern, ab.nehmen (nahm, genommen)	decrease
verschwenden	waste
vorher.sagen	forecast
wieder.auf.bereiten	reprocess
zu.nehmen (nahm, genommen), vermehren	increase

Illustrative sentences

Energiesparen kann gefördert werden.
Energy conservation can be promoted.

Die Bevölkerung ist **im Falle eines** Reaktorunfalls großen
Gefahren ausgesetzt.
The population is exposed to great dangers in the event of
an accident in a nuclear reactor.

Die **Lebensdauer** eines Reaktors beträgt 30 Jahre.
The lifespan of a reactor is 30 years.

Die **Maßnahme** wird durchgeführt.
The measure is carried out.

Die **Ölvorräte** gehen zu Ende.
The oil reserves are running out.

Der **Widerstand** wächst.
Opposition is growing.

Unser Umgang mit der Energie ist **verschwenderisch**.
Our use of energy is wasteful.

Der Müll **wird beseitigt**.
The waste is disposed of.

Die Radioaktivität **wird kontrolliert**.
Radioactivity is checked.

Krieg und Frieden

26

Topic questions

1. Wo liegen die Wurzeln der großen politischen Konflikte in unserer Zeit?

2. Was sollten wir aus den großen Kriegen der neueren Geschichte lernen?

3. „Der Mensch ist von Natur aus aggressiv. Gewisse Völker werden immer versuchen, andere zu beherrschen." Stimmen Sie dem zu?

4. Welches sind die Hauptargumente für und gegen atomare Waffen?

5. Haben einige Länder wirklich einen militär-industriellen Komplex, der ein Interesse an einem Rüstungswettlauf hat?

6. „Eine pazifistische Politik ist in der modernen Welt nicht realistisch." Stimmen Sie dem zu?

7. Welche Gefahren bringt der Besitz an Massenvernichtungswaffen wie etwa chemischen und biologischen Waffensystemen mit sich?

8 Wirkt sich die Entwicklung und Herstellung von Waffen positiv oder negativ auf die restliche Volkswirtschaft aus?

9 Wie könnte die Menschheit die wirtschaftlichen Ressourcen nutzen, die als Resultat einer weltweiten Abrüstung eingespart würden?

10 Kann es jemals einen „gerechten Krieg" geben?

Keywords

Nouns and noun phrases

die Abrüstung	disarmament
die Aggression	aggression
der Angreifer	aggressor
die Armee	army
der Armeestützpunkt/e	military base
das Arsenal	stockpile
die atomare Kurzstreckenrakete/n	short-range nuclear missile
die atomare Mittelstreckenrakete/n	intermediate range nuclear missile
die Atomrakete/n	nuclear missile
der Atomtest/s	nuclear test
das Atomteststop-Abkommen	test-ban treaty
die Ausgaben	expenditure
der Besitz an + dat.	possession of
die Bewaffnung	armaments
die biologischen Waffen	biological weapons
die Blockade/n	blockade

der Bomber	bomber
der Bunker	bunker
der Bürgerkrieg/e	civil war
die chemischen Waffen	chemical weapons
Defensiv-	defensive
die Diplomatie	diplomacy
der Einsatz von + dat.	the use of
die Entspannung	detente
die Entwicklung/en	development
der Erstschlag/ ̈e	first-strike, pre-emptive strike
die Explosion/en	explosion
die Falken	'hawks'
der Feind/e	enemy
die flexible Antwort/en	flexible response
die Flugabwehrrakete/n	anti-ballistic missile
das Flugzeug/e	aircraft
der Flugzeugträger	aircraft carrier
die Forschung/en	research
die Friedensbewegung/en	peace movement
die Friedensinitiative/n	peace initiative
die Friedenssicherung	maintainance of peace
der Friedensvertrag/ ̈e	peace treaty
das Frühwarnsystem/e	early-warning system
die Gefahr/en	danger
der Gefechtskopf/ ̈e	warhead
die Gewaltanwendung	use of force
das Giftgas/e	poison gas
das Gleichgewicht der Mächte	balance of power
das Grenzgebiet/e	border region
der Hafen	port
der Hauptgrund/ ̈e	main argument
die Herstellung	production

der internationale Terrorismus	international terrorism
die Intervention	intervention
der Jäger	fighter
der kalte Krieg	the cold war
der Konflikt/e	conflict
die Konfrontation/en	confrontation
die Kontrollbehörde/n	monitoring agency
die Landmine/n	land mine
die Landstreitkräfte	land forces
die Luftstreitkräfte	air force
der Machtkampf/ :e	power struggle
die Marine	navy
der Marschflugkörper	cruise missile
die Massenvernichtungswaffen	weapons of mass destruction
die Militärausgaben	military expenditure
der Militärberater	military adviser
der militärisch-industrielle Komplex	military-industrial complex
die militärische Stärke	military strength
die Militärs	military
die Nato	Nato
von Natur aus	by nature
das Nervengas	nerve gas
die Neutralität	neutrality
die nukleare Abschreckung	nuclear deterrent
der Overkill	overkill
der Panzer	tank
der Pazifist/en	pacifist
die Politik	policy
der Präventivschlag/ :e	preventive strike
der radioaktive Niederschlag	fall-out
die Rakete/n	missile

die Rüstungsindustrie	arms industry
die Rüstungslobby	arms lobby
der Rüstungswettlauf	arms race
der Satellit/en	satellite
die Schnelleingreiftruppe/n	rapid deployment force
die Sicherung gegen + acc.	safeguard against
die Souveränität	sovereignty
die Strahlung/en	radiation
die Tauben	'doves'
die Umlaufbahn/en	orbit
der Unterhändler	negotiator
das Unterseeboot/e	submarine
das Verbot von + dat.	banning of
die Verbündeten	allies
die Vereinten Nationen	the United Nations
die Verhandlungen	negotiations
das Verteidigungsministerium	ministry of defence
die Verteidigungspolitik	defence policy
der Verzicht auf + acc.	forgoing, giving up
die Waffe/n	weapon
das Waffensystem/e	weapons
Waffen zu Pflugscharen	weapons to ploughshares
die Waffenfabrik/en, die Munitionsfabrik/en	weapons plant
der Waffenstillstand	truce
die Wasserstoffbombe/n	hydrogen bomb
der Wehrdienst	national service
der Wehrdienstverweigerer	conscientious objector
die Wurzel/n	root
die Zivilbevölkerung	civilian population
der Zivilschutz	civil defence

Adjectives and adjectival phrases	

aggressiv	aggressive
die bilaterale Vereinbarung/en	bilateral agreement
biologisch	biological
chemisch	chemical
diplomatisch	diplomatic
die einseitige Aktion/en	unilateral action
die friedlichen Mittel	peaceful means
der gerechte Krieg/e	just war
geheim	secret
gerechtfertigt	justified
international	international
massiv	massive
medizinisch	medical
militärisch	military
militärisch-industriell	military industrial
mißtrauisch [misstrauisch]	suspicious
das multilaterale Abkommen	multilateral agreement
national	national
die neuere Geschichte	modern history
der neutrale Beobachter	neutral observer
nuklear	nuclear
pazifistisch	pacifist
realistisch	realistic
strategisch	strategic
die taktischen Pläne	tactical plans
verbündet	allied
versehentlich	by mistake
die weltweite Abrüstung	worldwide disarmament
die weltweite Kriegsführung	global warfare
die wirtschaftlichen Ressourcen	economic resources

Verbs and verb phrases

ab.feuern; schießen (schoß [schoss], geschossen)	fire, launch
ab.lehnen	be opposed to
ab.schaffen	get rid of
ab.schrecken	deter
auf den Knopf drücken	press the button
aus.brechen (brach, gebrochen)	break out
aus.geben für (gab, gegeben) + acc.	spend on
aus.handeln	bargain
bedrohen	threaten
begrenzen	limit
beherrschen	dominate
besiegen	defeat
den Frieden bewahren	keep the peace
den Frieden erhalten	preserve the peace
den Krieg erklären	declare war
ein.berufen (berief, berufen)	call up
eine Bombe ab.werfen (warf, geworfen)	drop a bomb
eine Rakete ab.feuern	launch a missile
einen Angriff aus.führen	carry out an attack
einen Vertrag schließen (schloß schlo[ss], geschlossen)	conclude a treaty
einen Vertrag/ein Abkommen unterzeichnen	sign a treaty
ein.fallen in (fiel, gefallen), überfallen (überfiel, überfallen)	invade
ein.marschieren in + acc.	invade

ein.sparen	save
eskalieren	escalate
Gewalt an.wenden	use force
intervenieren	intervene
provozieren	provoke
prüfen, kontrollieren	verify
rechtfertigen	justify
schlichten	arbitrate
sich ergeben (ergab, ergeben)	surrender
sich zurück.ziehen (zog, gezogen)	retreat
Spionage betreiben (betrieb, betrieben)	conduct espionage
überwachen, ab.hören	monitor
vergelten (vergalt, vergolten); sich rächen an + dat.	retaliate
verhandeln über + acc.; aus.handeln	negotiate
Verhandlungen führen	conduct negotiations
vermitteln	mediate
vernichten	annihilate
verteidigen	defend
verzichten auf + acc.	forgo, give up
zu.nehmen (nahm, genommen)	increase
zuvor.kommen (kam, gekommen)	pre-empt
zwingen (zwang, gezwungen)	force

Illustrative sentences

Pazifisten lehnen jede **Gewaltanwendung** ab.
Pacifists reject all use of force.

Die Waffen sind eine **Sicherung gegen** einen unerwarteten
Angriff.
The weapons are a safeguard against an unexpected attack.

Junge Männer müssen **Wehrdienst** leisten.
Young men have to do national service in the armed
forces.

Der Konflikt wurde **versehentlich** ausgelöst.
The conflict was triggered by mistake.

Diplomaten **schlichten** den Konflikt.
Diplomats arbitrate in the conflict.

Die Abrüstung wird **überwacht**.
The disarmament is monitored.

Man **vermittelt** zwischen den beiden Parteien.
There is mediation between the conflicting parties.

Sie **verzichten auf** den Erstschlag.
They forgo a first strike.

Sie **kommen** einem Erstschlag **zuvor**.
They pre-empt a first strike.

Politiker

27

Topic questions

1. Wäre eine Karriere im Parlament oder in der Kommunalpolitik für Sie erstrebenswert? Warum? Warum nicht?

2. Mit welchen Ausdrücken sind Politiker am treffendsten zu beschreiben?

idealistisch	↔ zynisch	ehrlich	↔ korrupt
ehrgeizig	↔ altruistisch	eitel	↔ selbstlos

3. Respektiert oder mißtraut [misstraut] die breite Öffentlichkeit eher ihren Politikern? Denken Sie an bestimmte politische Persönlichkeiten.

4. Versuchen Sie, einige bekannte Politiker oder Staatsmänner zu beschreiben. Welchen Typ Mensch verkörpern sie?

5. Führt ihre Macht dazu, daß [dass] Politiker die Sorgen der breiten Bevölkerung ignorieren?

6. „Das Privatleben und die Moral eines Politikers darf uns nichts angehen." Stimmen Sie hier zu?

7. Kann ein Politiker Macht erlangen, ohne dabei sich selbst und seine Ideale zu kompromittieren?

8 Üben die Medien Einfluß [Einfluss] auf Erfolg oder Mißerfolg [Misserfolg] von Politikern aus?

9 „Politiker sind kaum imstande, die wirtschaftlichen, gesellschaftlichen, naturwissenschaftlichen und militärtechnologischen Zusammenhänge zu durchschauen, über die sie Entscheidungen treffen." Ist diese Behauptung fair?

10 Es wird oft behauptet, es gebe keine großen Staatsmänner mehr. Würden Sie dem zustimmen?

Keywords

Nouns and noun phrases

der Abgeordnete/n	member of parliament
an der Macht	in power
die Anfrage/n	enquiry
der Anhänger	supporter
das Anliegen, die Sorgen	concerns
der Ausdruck	expression
der Ausschuß [Ausschuss]/Ausschüsse	committee
die Außenpolitik	foreign policy
die Basis	grass roots
der Beamte/n	civil servant
die Bildungspolitik	educational policy
die breite Öffentlichkeit	general public
der Bürger	citizen
der Delegierte/n	delegate
die Diktatur/en	dictatorship
der Ehrgeiz	ambition
die Ehrlichkeit	honesty

der Einwohner des Wahlkreises	constituent
der Erfolg/e	success
die Fraktion/en	parliamentary party
die Fraktionsdisziplin/en	party discipline
der Führer	leader
die Gesellschaft/en	society
die Gesetzgebung	legislation
der Hinterbänkler	back-bencher
das Ideal/e	ideal
die Integrität	integrity
die Interessensgruppe/n	pressure group
die Interessensvertretung	lobby
der/die Kandidat/in	candidate
die Karriere	career
der Karrieremacher	careerist
die Kommunalpolitik	local government politics
der Konsensus	consensus
die Korruption, der Filz (coll.)	sleaze
der Machtkampf/⁻e	power struggle
die Massenmedien	mass media
die Mehrheit	majority
die Meinungsumfrage/n	opinion poll
die Minderheit	minority
der Minister	minister
der Mißerfolg/e [Misserfolg]	failure
die Moral	morality
die Niederlage/n	defeat
die öffentliche Meinung	public opinion
die Opposition	opposition
die Oppositionspartei/en	party in opposition
das Parlament	parliament
der Parlamentsabgeordnete/n	member of parliament
die Parlamentswahl/en	general election

die Parole/n	slogan
das Parteimitglied/er	member of a party
das Parteiprogramm/e	platform
die Parteispitze/n	party leadership
der Parteitag/e	party conference
die Politik	policy, politics
der Politiker	politician
der politische Ratgeber	political adviser
die Presse	press
das Privatleben	private life
die Regierung	government
die Regierungspartei	party in power
der Sitz im Parlament	seat in parliament
die Sorge/n	worry, care
der Staatsmann/-̈er	statesman
die Steuerpolitik	taxation policy
der Stimmenfänger	vote-catcher
die Verteidigungspolitik	defence policy
die Wahl/en	ballot, election
der Wähler	voter
das Wahlergebnis/se	election result
die Wählerschaft	electorate
der Wahlkampf/-̈e	election campaign
der Wahlkreis	constituency
der Wahlsieg/e	victory
die Wirtschaftspolitik	economic policy
das Ziel/e	aim

Adjectives and adjectival phrases

altruistisch	altruistic
bekannt	well-known

beliebt	popular
beruflich	professional
demokratisch	democratic
ehrgeizig	ambitious
ehrlich	honest
einflußreich [einflussreich]	influential
eitel	vain
erfolglos	unsuccessful
erfolgreich	successful
erstrebenswert	desirable, worthwhile
gewöhnlich	ordinary
gleich	equal
idealistisch	idealistic
industriell	industrial
konservativ	conservative
der korrupte Politiker	corrupt politician
liberal	liberal
links	left-wing
machthungrig	power-hungry
militärtechnologisch	military-technological
moralisch	moral
nationalistisch	nationalist
pragmatisch	pragmatic
die radikale Politik	radical policy
rechts	right-wing
revolutionär	revolutionary
sozial	social
sozialistisch	socialist
stellvertretend	representative
tatkräftig	energetic
der treue Anhänger	loyal supporter
unbekannt	unknown

unbeliebt	unpopular
undemokratisch	undemocratic
verfassungsmäßig	constitutional
zynisch	cynical

Verbs and verb phrases

an die Macht kommen (kam, gekommen)	rise to power
beeinflussen	influence
bekämpfen	oppose
durchschauen	understand, comprehend
ein Interview geben (gab, gegeben)	give an interview
eine Entscheidung treffen (traf, getroffen) über + acc.	make a decision
eine Erklärung ab.geben (gab, gegeben)	make a statement
eine Karriere an.streben	pursue a career
eine Politik aus.führen	carry out a policy
eine Pressekonferenz geben (gab, gegeben)	hold a press conference
eine Regierung bilden	form a government
eine Wahl verlieren (verlor, verloren)	lose an election
einer Partei bei.treten (trat, getreten)	join a party
Einfluß [Einfluss] aus.üben auf + acc.	exercise influence on
für etwas (acc.) stimmen	vote for
gegen etwas (acc.) stimmen	vote against
Gesetze erlassen (erließ, erlassen)	legislate
Gesetze verabschieden	pass legislation

imstande sein	be able, be in a position
in die Praxis um.setzen	put into practice
informieren	inform
interviewen	interview
einen Kompromiß [Kompromiss] schließen (schloß [schloss], geschlossen)	compromise
kompromittieren	compromise
kritisieren	criticize
die Macht erlangen	achieve power
mißtrauen [misstrauen]	distrust
protestieren	protest
Reformen aus.führen	carry out reforms
regieren	govern, rule
respektieren	respect
sich darstellen als	project an image as
sich enthalten **(enthielt, enthalten)**	abstain
sich kompromittieren	compromise oneself
Stimmen gewinnen (gewann, gewonnen)	win votes
unterstützen	support
Unterstützung gewinnen (gewann, gewonnen)	gain support
urteilen	judge
verkörpern	embody, represent
vertreten (vertrat, vertreten)	represent
verwalten	administer
wählen	elect

Illustrative sentences

An der **Basis** sind die Bürger politisch aktiv.
Citizens are politically active at the grass roots.

Abgeordnete müssen die **Fraktionsdisziplin** einhalten.
Members of parliament have to obey party discipline.

Sie **enthält sich** bei der Abstimmung.
She abstains on the vote.

Sozialismus und Kapitalismus

28

Topic questions

1 Kann die freie Marktwirtschaft Lösungen für Probleme wie soziale Ausgrenzung, Armut oder Arbeitslosigkeit finden?

2 Kann eine Planwirtschaft Wohlstand schaffen und die Konsumbedürfnisse befriedigen?

3 Ist es für „Otto Normalverbraucher" möglich, durch das Kaufen von Aktien und Börsenpapieren Kapitalist zu werden?

4 Sozialismus oder Kapitalismus? Welches System kann am besten dem Problem der Arbeitslosigkeit entgegentreten?

5 Gibt es einen goldenen Mittelweg? Können marktwirtschaftliche Strukturen innerhalb einer Planwirtschaft funktionieren?

6 Einige Leute geben zu bedenken, daß [dass] multinationale Konzerne nicht mehr von den Staaten kontrolliert werden können. Was glauben Sie?

7 Wie kann eine demokratische Beteiligung an der Wirtschaft ermöglicht werden – durch Verstaatlichung,

Aktienbesitz, Gewinnbeteiligungsprogramme oder
Genossenschaften?

8 Was sollte man aus dem Zusammenbruch des
Sozialismus in Osteuropa lernen?

9 „Der Kapitalismus ermöglicht in einigen Industrieländern
Wohlstand – dies allerdings auf Kosten von Schulden,
Armut und wirtschaftlicher Abhängigkeit im Rest der
Welt." Was meinen Sie dazu?

10 Glauben Sie, daß [dass] wirtschaftlicher Egoismus im
Endeffekt der gesamten Gesellschaft nützt?

Keywords

Nouns and noun phrases

die Aktie/n	company share
der Aktienbesitz	share ownership
der Aktieninhaber	shareholder
Angebot und Nachfrage	supply and demand
die Arbeiterklasse	working class
der Arbeitgeber	employer
der Arbeitnehmer	employee
das Arbeitsamt/ ̈er	job centre
die Arbeitslosigkeit	unemployment
der Arbeitsmarkt/ ̈e	labour market
die Armut	poverty
die Ausbeutung	exploitation
die Ausgaben	expenditure
die Aussperrung	lockout
die Bedürfnisse	requirements
der Besitz an + dat.	ownership of

die Besteuerung	taxation
der Billigimport/e	cheap import
die Börse	stock exchange
der Börsenkrach	stock-exchange crash
die Börsenpapiere, die Wertpapiere	shares
die Bourgeoisie	bourgeoisie
die Bürokratie	bureaucracy
das Dienstleistungsgewerbe	service industries
die Dividenden	dividends
der dritte Weg	the third way
der Eigennutz	self-interest
das Eigentum	property
der Eigentümer	owner
im Endeffekt	in the end, ultimately
Forschung und Entwicklung	research and development
das Gehalt/ ⁼er	salary
das Geldkapital	financial capital
die Genossenschaft/en	cooperative
die Gewerkschaft/en	trade union
Gewinn und Verlust	profit and loss
die Gewinnbeteiligung	profit-sharing
die Globalisierung	globalization
der goldene Mittelweg	middle path
die Grundbedürfnisse	basic needs
die Güter	goods
die herrschende Klasse/n	ruling class
das Industriekapital	industrial capital
das Industrieland/ ⁼er	industrial country
der Industrielle/n	industrialist
das Kapital	capital
der Kapitalismus	capitalism
der Kapitalist/en	capitalist
die Kapitalkonzentration	concentration of capital

das Kartell/e	cartel
der Klassenkampf/⸚e	class conflict
die Kommandowirtschaft	command economy
der Kommunismus	communism
der Kommunist/en	communist
die Konjunktur	market situation
das Konsumbedürfnis/se	consumer need
der Konsument/en, der Verbraucher	consumer
auf Kosten von + dat.	at the expense of
die Kurzarbeit	short-time work
das Leistungsprinzip	competitive principle
der Lohn/⸚e	wages
die Lösung/en	solution
der Mangel an + dat.	shortage of
das Marketing	marketing
der Markt/⸚e	market
die Marktwirtschaft	market economy
die Maschinen	machinery
der Mechanismus	mechanism
der Mehrwert	surplus value
die menschliche Natur	human nature
das Monopol/e	monopoly
die multinationalen Konzerne	transnational companies
die öffentlichen Ausgaben	government spending
„Otto Normalverbraucher"	the man in the street, Joe Bloggs
der Pensionsfond/s	pension fund
die Planwirtschaft	planned economy
die Produktionsmittel	means of production
der Profitmacher	profiteer
das Profitmotiv/e	profit motive

das Proletariat	proletariat
die Regierung/en	government
die Rentabilität	profitability
die Ressourcen	resources
die Rezession	recession
die Schuld/en	debt
die Solidarität	solidarity
die Sozialdemokratie	social democracy
der Sozialismus	socialism
der Sozialist/en	socialist
die Sozialpolitik	social policy
die Spekulation/en	speculation
der Spielraum/ Spielräume	scope
die Steuerflucht	tax evasion
der Trust	trust
der Überschuß [Überschuss]/-üsse	surplus
die Ungleichheit	inequality
der Unternehmer	entrepreneur
die verarbeitende Industrie	manufacturing industry
die Verstaatlichung	nationalisation
die Verteilung	distribution
die Ware/n	commodity
der Welthandel	world trade
der Weltmarkt/ ̈e	global market
der Wert/e	value
der Wettbewerb	competition
das Wirtschaftswachstum	economic growth
der Wohlstand	affluence
der Wohnungsbau	housing
der Zinssatz/ ̈e	rate of interest
der Zusammenbruch	collapse

Adjectives and adjectival phrases

arbeitslos	redundant, unemployed
die ausländische Konkurrenz	foreign competitors
die bürokratische Kontrolle/n	bureaucratic control
die demokratische Beteiligung	democratic participation
die demokratischen Strukturen	democratic structures
die dezentralisierten Entscheidungen	decentralized decisions
einträglich	profitable
entfremdet	alienated
individuell	individual
industriell	industrial
die ineffizienten Produktionsmethoden	inefficient methods of production
kapitalistisch	capitalist
kollektiv	collective
kommerziell	commercial
kommunistisch	communist
kooperativ	cooperative
leistungsfähig, wirksam	efficient
die marktwirtschaftlichen Strukturen	market structures
marxistisch	Marxist
minderwertig	inferior to
die monetarische Politik	monetarist policy
das öffentliche Interesse	public interest
ökonomisch	economic
sozialistisch	socialist
staatlich	national, state
staatlich kontrolliert	state-controlled
staatseigen	state-owned

überlegen	superior to
die unterentwickelten Länder	underdeveloped countries
die verschwenderische Produktion	wasteful production
die wirtschaftliche Abhängigkeit	economic dependence
wohlhabend	affluent
zentralisiert	centralized

Verbs and verb phrases

Arbeitsplätze ab.bauen	make workers redundant
aus.beuten	exploit
beschäftigen	employ
einem Problem entgegen.treten (trat, getreten)	deal with a problem
einen Betrieb leiten	run a firm
entlassen (entließ, entlassen)	lay off
ermöglichen	make possible
feuern (coll.)	fire
funktionieren	operate
her.stellen, verarbeiten	manufacture
investieren	invest
kaufen	purchase
konkurrieren	compete
kontrollieren	control, regulate
privatisieren	privatize
profitieren von + dat.	profit from
regeln	regulate
sich verringern, vermindern	decrease
sich verschlechtern	decline
spekulieren	speculate
stagnieren	stagnate

stempeln gehen (ging, gegangen) (coll.)	be on the dole
streiken	go on strike
subventionieren	subsidize
vermehren, zu.nehmen (nahm, genommen)	increase
vermindern	reduce
verstaatlichen	nationalize
zu bedenken geben (gab, gegeben)	ask (us) to consider
zur Verfügung stellen	provide
zusammen.legen, fusionieren	fuse

Illustrative sentences

Nur wenige profitieren von dem **Besitz an** Eigentum.
Only a few people profit from the ownership of property.

Er handelt nach dem Prinzip des **Eigennutzes**.
He behaves in accordance with the principle of self-
    interest.

Kooperation liegt in der **menschlichen Natur**.
Cooperation is part of human nature.

Die **Produktionsmittel** gehören einer kleinen Gruppe.
The means of production are owned by a small group.

Der Arbeiter wird vom Wert seiner Arbeit **entfremdet**.
The worker is alienated from the value of his labour.

Wähler und Wahlen

29

1. Charakterisieren Sie die wichtigsten Parteien und ihre Politik.

2. Welches waren die wichtigsten Themen bei den letzten Wahlen:
   - Wirtschaftspolitik
   - Außenpolitik
   - Verteidigungspolitik
   - Bildungspolitik
   - Sozialpolitik
   - Kriminalität
   - Steuersystem
   - sonstige Themen?

3. Können einzelne politische Persönlichkeiten den Ausgang einer Wahl beeinflussen?

4. Welche PR-Mittel werden in Wahlkampagnen benutzt, um Persönlichkeiten, Programme und Parteien an den Mann zu bringen?

5. Hat sich das Wählerverhalten in den letzten Jahren verändert?

6. Gibt es regionale oder geographische Unterschiede beim Wählerverhalten?

7   A: „Die Parteien führen ihren Wahlkampf mit inhaltlich nichtssagenden Aussagen; sie konzentrieren sich darauf, ein attraktives Image zu vermitteln."

    B: „Die Parteien bemühen sich im Wahlkampf darum, ihrer oft schlecht informierten Wählerschaft komplexe Sachverhalte zu erklären."
Kommentar erscheint Ihnen eher zutreffend?

8   Welche Faktoren bestimmen das Wählerverhalten hauptsächlich:
- Familientradition
- Berichterstattung der Medien
- Diskussionen im Freundes- und Kollegenkreis?

9   Haben kleinere Parteien überhaupt eine faire Chance, der Bevölkerung ihre politischen Vorstellungen zu präsentieren?

10   „In der Politik sind Frauen nach wie vor auf allen Ebenen unterrepräsentiert." Würden Sie dem zustimmen?

Keywords

Nouns and noun phrases

der Abgeordnete/n	member of parliament
die Abwanderung/en von + dat.	swing
der Ausgang einer Wahl	election result
die Außenpolitik	foreign policy
die Berichterstattung in den Medien	media coverage
die Besteuerung	taxation
die Bildung	education
der Erdrutsch	landslide

die Erstwähler	first-time voters
der Fototermin/e	photo opportunity
die Führerschaft, die Parteispitze	leadership
der Gesellschaftsquerschnitt	cross-section of society
die Ideologie/n	ideology
die Interessengruppe/n	pressure group
der Kandidat/en	candidate
die Klasse/n	class
die Kommunalverwaltung	local government
die Maßnahmen	measures
die Medien	media
die Mehrheit/en	majority
die Meinung/en	opinion
die Meinungsumfrage/n	opinion poll
die Minderheit/en	minority
die Niederlage/n	defeat
die Öffentlichkeitsarbeit	public relations
die Opposition	opposition
der Parlamentssitz/e	seat in parliament
die Parole/n, der Wahlspruch/ ̈e	slogan
das Parteimitglied/er	party member
die parteipolitische Sendung	party political broadcast
das Parteiprogramm/e	platform
das Plakat/e	poster, placard
die Politik	policy, politics
die politische Basis	'grass roots'
die PR	PR, public relations
der Prozentsatz/ ̈e	percentage
der Repräsentant/en	representative
Recht und Ordnung	law and order
Rundfunk und Fernsehen	broadcasting
der Sieg/e	victory
die Sozialpolitik	social policy

der Stammwähler	regular voter
der Stimmenanteil	share of the vote
die Streitfrage/n	issue
die Technik/en	technique
die Tendenz zu + dat.	trend towards
die Überzeugung	conviction
das Verbrechen	crime
das Verhalten	behaviour
das Verhältniswahlsystem	proportional representation
die Verteidigungspolitik	defence policy
die Wahl/en	election
die Wähler	voters
das Wahlergebnis/se	election result
die Wählerschaft	electorate
das Wählerverhalten	voting behaviour
der Wahlkampf/ ̈e	election campaign
der Wahlkampfleiter	campaign manager
der Wahlkreis/e, die Wählerschaft	constituency
das Wahlmanifest	election manifesto
das Wahlplakat/e	election poster
die Wahlversammlung	election meeting
der Wechselwähler	floating voter
die Weltanschauung/en	philosophy
die Werte	values
die Wirtschaftspolitik	economic policy
die Zentralregierung	central government

Adjectives and adjectival phrases	
demokratisch	democratic
einflußreich [einflussreich]	influential
extremistisch	extremist

gemäßigt	moderate
ideal	ideal
ideologisch	ideological
informativ	informative
international	international
konservativ	conservative
liberal	liberal
links	left-wing
national	national
die ökonomischen Faktoren	economic factors
parlamentarisch	parliamentary
politisch	political
progressiv	progressive
reaktionär	reactionary
rechts	right-wing
regional	regional
repräsentativ	representative
sozial	social
sozialistisch	socialist
die strittige Frage/n	controversial issue
undemokratisch	undemocratic
unterrepräsentiert	underrepresented
wahlberechtigt	entitled to vote

Verbs and verb phrases

ab.lehnen	oppose, reject
analysieren	analyse
an den Mann bringen (brachte, gebracht)	publicize, get across
beeinflussen	influence
befürworten	advocate
bestimmen	determine

debattieren	debate
die Mehrheit gewinnen (gewann, gewonnen)	win a majority
diskutieren	discuss
ein Versprechen machen	make a promise
eine Koalition bilden	form a coalition
eine Meinung äußern	express an opinion
eine Politik aus.führen	carry out a policy
eine Pressekonferenz ab.halten (hielt, gehalten)	hold a press conference
eine Rede halten (hielt, gehalten)	make a speech
eine Regierung bilden	form a government
eine Stimme ab.geben (gab, gegeben)	cast a vote
einen Volksentscheid ab.halten (hielt, gehalten)	hold a referendum
einen Wahlkampf durch.führen	campaign
jemanden einer Gehirnwäsche unterziehen (unterzog, unterzogen)	brainwash
entscheiden (entschied, entschieden)	decide
Gesetze ein.bringen (brachte, gebracht)	bring in legislation
manipulieren	manipulate
nicht überein.stimmen mit + dat.	disagree with
nominieren	nominate
sich der Stimme enthalten (enthielt, enthalten)	abstain
stimmen für/gegen + acc.	vote for/against
überzeugen	convince
unterstützen	support
vertreten (vertritt, vertreten)	represent
vorher.sagen	forecast

vor.schlagen (schlug, geschlagen)	propose
wählen	choose, elect
Wort halten (hielt, gehalten)	keep his word
zurück.treten (trat, getreten)	resign
einer Sache zu.stimmen	agree with

Illustrative sentences

Der Wahlsieg glich einem **Erdrutsch**.
The election victory was a landslide.

Die Parteien bestehen aus der Führung, den Abgeordneten
und der **politischen Basis**.
Political parties consist of the leadership, members of
parliament and the political grass roots.

Sie **befürworten** das Verhältniswahlrecht.
They advocate proportional representation.

Wirtschaftspolitik

30

Topic questions

1   Welche Wirtschaftspolitik verfolgt die jetzige Regierung?

2   Welche wirtschaftspolitischen Alternativen werden von anderen Gruppen und politischen Parteien befürwortet?

3   Welche Gruppen profitieren am meisten bzw. am wenigsten von der gegenwärtigen Wirtschaftspolitik?

4   Welche Industrie- und Wirtschaftszweige haben momentan die schlechtesten bzw. günstigsten Aussichten?

5   Glauben Sie, daß [dass] die Regierung mehr oder weniger Geld für einen der folgenden Bereiche ausgeben sollte:
  • Ausbildung und berufliche Weiterbildung
  • Schaffung von Arbeitsplätzen
  • Gesundheit
  • soziale Dienstleistungen
  • Wissenschaft und Forschung
  • Verkehrspolitik
  • Umweltschutz
  • Verteidigungspolitik?

6 Wie kann das Problem der Arbeitslosigkeit gelöst werden?

7 Einige Wirtschaftswissenschaftler sind der Meinung, daß [dass] schnelles Wirtschaftswachstum nicht länger möglich und auch gar nicht wünschenswert sei. Würden Sie dem zustimmen?

8 Wie hat sich der internationale Handel und die Weltwirtschaft in den letzten Jahren entwickelt? Denken Sie z.B. an die Globalisierung oder die Europäische Union.

9 Wie präsentiert sich die Wirtschaftsleistung Ihres Landes im Vergleich mit der anderer Länder?

10 Wer hat den größten Einfluß [Einfluss] auf die wirtschaftliche Lage: der Staat, Unternehmer, Verbraucher, Spekulanten, Banken, Börsenmakler oder Gewerkschaften?

Keywords

Nouns and noun phrases

die Aktie/n	share
der Aktionär/e	shareholder
Angebot und Nachfrage	supply and demand
der Arbeiter	worker
der Arbeitgeber	employer
der Arbeitnehmer	employee
die Arbeitslosigkeit	unemployment
die Ausbildung	training
die Ausgaben für + acc.	expenditure on

die Auslandsmärkte	foreign markets
der Außenhandel	foreign trade
die Aussicht/en	prospect
der Ausstoß	output
der Auszubildende/n	trainee
das Bankwesen	banking
die Berufsausbildung	vocational training
die Beschäftigungspolitik	employment policy
die Besteuerung	taxation
die Bildung	education
das Bildungswesen	educational system
die Billiglohnkonkurrenz	low-wage competition
der Binnenmarkt	single market
die Börse	stock exchange
der Börsenmakler	stockbroker
das Bruttosozialprodukt	gross national product (GNP)
der Devisen- und Kapitalmarkt	foreign exchange and capital market
das Dienstleistungs- unternehmen	service industries
die direkte Steuer	direct taxation
die Einführung einer gemeinsamen Währung	the introduction of a single currency
die Einfuhrzölle	import tariffs
die Einkommenssteuer/n	income tax
der Einzelhandel	retail
das Einzelhandelsgeschäft/e	retail outlet
die Ersparnisse	savings
die Erzeugung, die Herstellung	manufacturing
der Euro/s	euro
die Europäische Union	European Union (EU)
die Europäische Wirtschafts- und Währungsunion	European Economic and Monetary Union

die Europäische Zentralbank	European Central Bank (ECB)
die Finanzmärkte	financial markets
die Forschung und Entwicklung	research and development
das Gehalt/ ⁻er	salary
die Geldmenge/n	money supply
die Gesundheit	health
das Gesundheitswesen	health service
die Gewerkschaft/en	trade union
der Gewinn/e	profit
die Globalisierung	globalization
der Großhandel	wholesale
der Handel	trade
die Handelsbilanz/en	balance of trade
die Hochkonjunktur	boom
die indirekte Steuer	indirect taxation
die Industrie/n	industry
der Industrielle/n	industrialist
der Industriezweig/e	branch of industry
die Inflation	inflation
die Inflationsrate/n	inflation rate
die Integration	integration
die Investition/en	investment
das Kapital	capital
der Kapitalanleger	investor
der Kapitalismus	capitalism
die Kapital- und Arbeitsmärkte	capital and labour markets
der Käufer	buyer
die Konjunktur	economic situation, market situation
der Konkurrent/en	competitor
der Konkurrenzdruck	competition pressure

die Konsumgüter	consumer goods
der Kredit/e	credit, loan
die Krise/n	crisis
der Kunde/n	customer
die Landwirtschaft	agriculture
die Landwirtschaftspolitik	agricultural policy
die Lebenshaltungskosten	cost of living
der Lebensstandard	standard of living
der Lohn/ ̈e	wages
die Luxussteuer	tax on luxury
die Marktwirtschaft	market economy
die Mehrwertsteuer	value-added tax
die Militärausgaben	military expenditure
die Münzen und Geldscheine	coins and banknotes
die Notenbank/en	central bank
der öffentliche Sektor/en	public sector
die ökonomische Konvergenz	economic convergence
die Politik	policy, politics
der Preis/e	price
die Preisstabilität	price stability
die Privatisierung	privatization
die Produktivität	productivity
die Prognose/n	forecast
die Rentabilität	profitability
die Rezession	recession
die Schuld/en	debt
die Schwerindustrie	heavy industry
die sozialen Dienstleistungen	social services
die sozialen Leistungen	social provisions
der Sozialismus	socialism
das Sozialwesen	social services
der Spekulant	speculator

die Spekulation	speculation
der Staat/en	state, government
der Staatshaushalt	budget
die Subvention/en	subsidy
der Umsatz/ ̈e	turnover
der Umweltschutz	environmental protection
der Verbraucher	consumer
das Verkehrswesen	transport
die Verteidigungspolitik	defence (policy)
die Volkswirtschaft	economy
der Vorteil/e	advantage, benefit
das Wachstum	expansion
die Wachstumsrate/n	growth rate
die Währung/en	currency
die Währungsumstellung	currency conversion
die Ware/n	commodity, goods
die Waren- und Dienstleistungsmärkte	goods and services markets
der Wechselkurs/e	exchange rate
der Weltmarkt/ ̈e	global market
die Weltwirtschaft	global economy
die Wertpapiere und Aktien	stocks and shares
der Wettbewerb/e	competition
die Wettbewerbsfähigkeit	competitiveness
die Wirtschaft	industry
die wirtschaftliche Leistungsfähigkeit	economic performance
die Wirtschaftskrise/n	slump
die Wirtschaftspolitik	economic policy
der Wirtschaftssektor/en	sector of the economy
das Wirtschaftswachstum	economic growth
der Wirtschaftswissenschaftler	economist

die Wissenschaft/en	science
die Wohlstandsgesellschaft	affluent society
der Zinssatz/-e	interest rate

Adjectives and adjectival phrases

arbeitslos	out of work, redundant
ausländisch	foreign
erfolgreich	successful
finanziell	financial
die geringen Lohnkosten	low labour costs
gesund	healthy
global	global
haushaltspolitisch	budgetary
industriell	industrial
inländisch	domestic
international	international
kommerziell, gewerblich	commercial
konkurrenzfähig	competitive
kostspielig	costly
national	national
ökologisch	ecological
protektionistisch	protectionist
rationell	efficient
regional	regional
rentabel	profitable
der schrumpfende Markt/-e	shrinking market
sinkend	declining
sparsam	economical
technologisch	technological
überseeisch	overseas
unrentabel	unprofitable
unwirtschaftlich	uneconomic

der wachsende Markt/ ̈e	growing market
wirkungsvoll	effective
wirtschaftlich	economic
wirtschaftspolitisch	economic (policy)

Verbs and verb phrases

berechnen	calculate
beschäftigen	employ
borgen	borrow
eine Vorhersage machen	forecast
einer Politik folgen	follow a policy
entlassen (entließ, entlassen)	fire, lay off
erhöhen	raise
fördern, unterstützen, befördern	promote
funktionieren	function
Geld überweisen (überwies, überwiesen)	transfer money
Güter her.stellen	produce goods
her.stellen	manufacture
in den Streik treten (trat, getreten)	go on strike
investieren in + acc.	invest in
kaufen	purchase
konkurrieren mit + dat.	compete with
kürzen	cut
leihen (lieh, geliehen)	lend
lenken	regulate
Löhne verdienen	earn wages
profitieren aus + dat.	profit from
reduzieren	reduce
schrumpfen	shrink

senken	decrease, lower
sich leisten	afford
sinken (sank, gesunken)	decline, sink
spekulieren mit + dat.	speculate with
steigen (stieg, gestiegen)	rise
subventionieren	subsidize
um.stellen	convert
um.tauschen	exchange
unterstützen	assist
verlangen	demand
versorgen mit + dat.	supply with
wachsen (wuchs, gewachsen)	expand, increase
die Währung um.stellen	convert the currency
zusammen.arbeiten mit + dat.	cooperate with

Illustrative sentences

Die **Ausgaben** für Bildung werden erhöht.
Expenditure on education is increased.

Die Wirtschaft hat **Hochkonjunktur.**
There is an economic boom.

Die **Lebenshaltungskosten** steigen.
The cost of living is rising.

Eine **Luxussteuer** wird erhoben.
A luxury tax is introduced.

Die **wirtschaftliche Leistungsfähigkeit** verbessert sich.
Economic performance is improving.

Eine **protektionistische** Politik wird befürwortet.
They advocate a protectionist policy.

Mitarbeiter werden **entlassen**.
Workers are fired.

Unternehmen können es **sich leisten**, Arbeitsplätze zu
    schaffen.
Companies can afford to create jobs.

Unrentabel Dienstleistungen müssen **subventioniert**
    werden.
Non-profitable services must be subsidized.